ローマ皇帝のメンタルトレーニング

ドナルド・ロバートソン
Donald Robertson

山田雅久──訳

CCCメディアハウス

ローマ皇帝のメンタルトレーニング

目次

＊本文中の『自省録』の言葉は、水地宗明訳（京都大学学術出版会）、神谷美恵子訳（岩波文庫）を参照しつつ、訳者が本原書より訳出したものである。
＊本文中の［　］は、その直前の文または文章の内容の出典を示す。『自省録』の後にある数字（〇－□）は「〇巻－□章」を指し、「参考文献」の後の数字は巻末の「参考文献」の番号を指す。

Marcus Aurelius Antoninus

For Poppy, little and wise

プロローグ

私の父は、私が13歳のときに亡くなりました。50代で肺がんを発症し、1年間寝たきりの状態が続いたあと、ついに命を奪われたのです。謙虚で礼儀正しい人でした。そして、人生についてもっと深く考えるよう私を促してくれた人でもありました。

父の死と向き合う準備ができていなかった私はひどく混乱しました。怒ったり、落ち込んだりしながら、一晩中、外をさまよい歩きました。授業をサボったり、先生に口答えしたり、同級生とケンカしたりするトラブル続きの毎日です。建物に不法侵入して、警察が来るのを待ってから逃げるいたちごっこにも夢中になりました。16歳の誕生日がくると校長室に呼ばれ、2つの選択肢――自主退学するか追放されるか――を与えられました。私は自主退学を選び、問題児のための特別プログラムを受けることになりました。人生が制御不能に陥っていました。学校からも社会からも「ガラクタ」のレッテルを貼られてしまったのです。とはいえ、私自身、それに反論する理由もなくその通りだと感じていました。

建設現場で掘削機運転手として働いていた父は、手に油や泥をつけたまま疲れ切って帰宅し、肘掛け椅子に崩れ落ちていく毎日を送っていました。給料は安く、無一文と言ってもいい状態でしたが、不満を口にすることはありませんでした。父の親友が亡くなったとき、父に農場を譲ると遺言を残したことがあります。父はそれを断り、土地を相手の家族に返したそうです。「金は幸福を運んでこない」とよく言っていましたが、本気でそう信じていたのです。人生には、それ以上に大切なものがある、そして、もっともっとと欲しがるのではなく、手元にあるもので満足することが本当の豊かさだと私に教えようとしていました。

父の葬儀の後、母が、父の古い革財布をダイニングテーブルの上に置き、私に持っていくようにと言いました。中には、ひどく擦り切れた紙切れ一枚。他には何も入っていませんでした。それは「出エジプト記」から破り取った紙切れで、こう書かれていました。

そして神はモーセに言われた。「私は在《あ》る（I am that I am）」というものであると。そして神は言われた、イスラエルの子供たちにこう言いなさい、「私は在る（I am that I am）」という方が、あなたがたに私を遣わされたのだと。

この言葉が父にとって何を意味していたのか、私は必死になって理解しようとしました。その紙切れを手にし、意味もわからず立ちすくんだその瞬間に、私の哲学的な旅が始まったのです。

それから何年も経ったあとに、マルクス・アウレリウスも父親を幼い頃に亡くしたことを知りました。彼も私と同じように、生きる指針を求めていたのではないかと思いました。父の死後、私は宗教的・哲学的な疑問を抱え、ひどく悩んでいました。死ぬのが怖かったのを覚えています。夜、ベッドに横たわっても眠れず、自分が存在している謎をなんとか解き明かして安らぎを得たいと思っていました。脳の奥に痒みがあって、掻きたいのに掻けないような感じでした。当時は知る由もなかったのですが、こういった実存的な不安を抱えた人の多くが哲学に向かいます。これは人類が共有している問いなのです。例えば、哲学者のスピノザはこう書いています。

こうして私は、自分がとても危険な状態にあることを悟り、不確かなものでもいいので、〔心を癒す〕治療法をとにかく探す必要に迫られました。それは、致命的な病と格闘している病人が、もし治療法が見つからなければ死ぬとわかったら、すべての希望を託せる治療法を全力で探さざるを得ないのと同じことです。

〔『知性改善論』〕

私は最初、「私は在る（I am that I am）」を、深い神秘性をもつ形而上学的な格言として捉えましたが、存在自体の純粋な意識を指しているのでは、とも考えました。「私とは、私がいるという意識である」という考えは、デルポイの神託所に掲げられていた「汝自身を知れ」を思い出させました。「私は在る（I am that I am）」は〝私〟の信条となり、そこから、瞑想やさまざまな自己観照技術を用いた内省へと向かっていきました。

父が持ち歩いていたこの言葉は、〝ロイヤルアーチ〟と呼ばれるフリーメイソンの儀式で重要な役割を果たしていることが後になってわかりました。入会の際、候補者は「あなたはロイヤルアーチメイソンですか？」と尋ねられ、〝I-AM-THAT-I-AM〟と答えるのです。スコットランドにおけるフリーメイソンの歴史は古く、その始まりは少なくとも400年前にさかのぼります。私の故郷であるエアシャーにも深く根付いていて、父や友人の父の多くが、地元の支部のメンバーでした。フリーメイソンの多くはクリスチャンですが、神を「宇宙の偉大な建築家」と表現するなど宗派にとらわれない言葉を使っています。彼らの書物によれば、ソロモン王の神殿建設者に由来する精神的な教えが、哲学者ピュタゴラス経由で西洋にもたらされ、プラトンやユークリッドによって広められたということです。また彼らは、今で言う、知恵、正義、勇気、節制から成るギリシア哲学の四元徳を称えています。私の父はこれらの倫理的な教えを真剣に実践し、私の心に強い印象を刻み込んだ彼の人格をつくり上げていったのです。父が学んだのは象牙の塔で教えられているような哲学ではなく、誠実に実践すれば本当の豊かさに導いてくれる古代の哲学よりさらに古い概念に由来するものだったのです。

私はフリーメイソンに入会できる年齢ではありませんでしたし、街での私の評判を考えれば、会に招待されることもなかったでしょう。そのため私は、哲学や宗教についての本を読み漁るようになりました。自分が何を求めているのか、はっきりとはわかっていませんでした。ただ、興味を持っていた哲学、瞑想、心理療法を組み合わせた何かを求めていることだけはわかっていました。その後も人生の指針となるような教えを必死になって求めましたが、その目的にかなうものはありませんでした。

あるとき、プラトンの対話篇を読み始めました。そこには、ギリシアの代表的な哲学者であるソクラテスが、対話者に、彼らにとって最も価値があるものが何かを問うている様子が描かれていました。ソクラテスは哲学に関する本を一冊も書いておらず、彼を知るには、弟子であるプラトンとクセノポンによって書かれた書物を読むしかありません。ソクラテスは、倫理的な問いに哲学的手法を用いた最初の人物であると言われています。理性とともにあることで、人々に賢く生きてもらいたいと願っていたソクラテスの哲学は、人生のガイドであるだけでなく、一種の心理療法でもありました。哲学を実践することで、死への恐れを克服し、人格を向上させ、さらに自分にとって真の充足感をもたらすものを見つけることができると彼は言っていました。

ソクラテス式問答法は、結論が出にくいものとして知られています。実際、ソクラテスの「私は、私が何も知らないことを知っている」という主張は、「ソクラテスのアイロニー」と呼ばれ、ギリシアの懐疑主義に影響を与えました。とはいえプラトンの『ソクラテスの弁明』を読むと、ソクラテスが最善の生き方について前向きな教えを弟子たちに伝えていたことがわかります。ソクラテスは、「不敬罪」と「青少年を堕落させた罪」をでっち上げられ、処刑されることになります。しかし、法廷に立ったソクラテスは、他の人たちのように謝罪したり、慈悲を請うたり、陪審員の前に泣いている妻子を並ばせたりはしませんでした。告発者に質問したり、倫理について陪審員に講義したりすることで、ただ哲学を続けています。そして、裁判の途中で、自分にとって哲学者であることが何を意味するかを簡単な言葉で説明しています。

私は歩き回って、出会う老若男女に、自分の肉体や財産を大切にするより、自分の魂の最良の状態を優先させたり、その状態を探したりするよう説得することしかしていません。「富は徳をもたらしません。しかし、徳の方は、富をはじめとするすべてのものを、個人的にも社会的にも善いものへと導いてくれますよ」と言いながら。

それがソクラテスの生き方であり、彼の弟子はその例に倣おうとしました。それは他の何よりも徳や知恵を大切にせよという教えであり、ソクラテスの言う「哲学者」とは、そういった価値観に基づいて生きている人を指しています。Philosopher のもともとの意味である〝知恵を愛する人〟のことなのです。

今にして思えば、父がフリーメイソンに見出したような人生哲学を、私はソクラテスをはじめとする古代の哲学者に求めていました。しかし、先に述べたように、現存する書物には、主にソクラテスの問答が書かれているだけで、ソクラテスのように賢く生きるにはどうしたらいいかは説明されていません。

古代の哲学者たちは私が求めていた実用的な答えをくれませんでしたが、答えを得るための読書意欲をさらに強めてくれました。この新たな目的意識は、私の人生を軌道修正するのに役立ちました。問題を起こすことがなくなり、大学に入って哲学を学ぶ気になったのです。しかし、何かがおかしいと思いました。大学における哲学への取り組み方が、あまりに理論的だったからです。図書館で本を読む時間が増えれば増えるほど、ソクラテスが唱えた「哲学とは生き方であり、人格を向上させ、私たちを豊かにするものだ」という考えから遠ざかっていくように感じました。古代の哲学者が心の戦士だったとすれば、現代の哲学者たちは心の司書になっていました。哲学を心理学的な実践として「日常に用いることよりも、アイデアを照合して体系化することに熱心だったのです。

卒業後、私は心理療法の勉強とトレーニングを始めました。人を助けることを学ぶことが、それまで学んできた哲学に関連した自己改善への道へと私を導いてくれるように思えたからです。当時、心理療法の世界は転換期を迎えていました。フロイト派やユング派の精神分析的アプローチが、認知行動療法（cognitive-behavioral therapy, CBT）に取って代わられつつあったのです。そして、間もなくしてＣＢＴが科学的根拠に基づいた心理療法の主流となりました。ＣＢＴは感情を扱うのに理性を用いるよう促すものなので、私が探していた哲学的実践に近いものと言えました。しかし、ＣＢＴは通常、数か月間ほど行なうもので、人生全体に適用するものではありません。現代では、誰もが心の問題を迅速に解決したいと考えています。そのためか現代の心理療法も、ソクラテス式の生活技術と比べると適用範囲が狭くなっています。

心理療法士として働くようになってから明らかになったことがあります。それは、不安や抑うつに悩むクライアントの多くが、悩みの原因が自分の価値観にあることに気づくと改善していくという事実です。何か悪いことが起こったと強く信じると、心が動揺することを誰もが知っています。同じように、自分が好ましいとか望ましいと信じているものが脅かされると不安になります。さらに、それが失われると悲しくなります。例えば社交不安を感じる人は、他者が自分に対して否定的意見を持つことが動揺に値することだと信じています。他者から嫌われることは最悪で、他者から承認されることが何より大切だと考えています。重度の社交不安障害（社会恐怖症）を患っている人でも、子供や親友と些細な話をするときは「普通」でいられる傾向があります。しかし、重要だと思っている人と重要なテーマについて話をするときは、強い不安を感じてしまうのです。対照的に、他人から見た自分の社会的地位など無視できるほど軽いものだとする世界観を持つ人であれば、社交不安に陥ることはありません。そうなる範疇外で生きているからです。

より健全で合理的な価値観を持つことで不安になるような事柄に対して無関心でいられるようになれば、精神的に立ち直る力《レジリエンス》を高められるはずだと私は考えました。しかし、ソクラテスの哲学や価値観と、ＣＢＴの治療ツールをどう組み合わせたらいいか、どうしてもわかりませんでした。

その後、カウンセリングや心理療法のトレーニングを受ける過程でストイシズムを知り、そこですべてが変わりました。特に、フランスの学者ピエール・アドの『古代哲学とは何か』（１９９８年）および『生き方としての哲学』（２００４年）を読んで、ここに答えがあるかもしれないと感じました。後者のタイトルが示す通り、アドは古代の西洋哲学者たちが生き方としての哲学を追求していた点を深く研究していました。私の目は、ギリシア・ローマ哲学の文献の中に隠れている、精神的な苦しみを克服して人格的な強さを身につけるために開発されたトレーニングの数々に向かって開かれていきました。アドは、ソクラテスの死から数世代後のヘレニズム哲学の各派が、観想的な修行をごく一般的に行なっていたことを発見しています。そしてストア派が、特にソクラテス哲学の実践的な側面に焦点を当てていたこと、自己規律や勇気などの美徳を身につけるだけでなく心理学的なエクササイズを広く行なっていたことに言及しています。

しかし、どこか困惑する部分がありました。アドが、これらの哲学的実践を初期キリスト教の精神的エクササイズと比較していたからです。私は心理療法士だったので、彼が指摘した技術のほとんどが、現代の心理療法で用いられている技術と比較できることに気づきました。古代西洋哲学の中でストア派が、心の問題に対して最もはっきりとした治療志向を持ち、それらに対処するための精神医学的手法を数多く備えていることもわかりました。哲学に関する本を10年以上も読み漁ったあとでしたが、私はそれまで正しい場所以外のあらゆる場所を探していたことに気づきました。まさに、「建築者が拒んだ石が礎となった」（詩編第118編）のです。

ストイシズムに関する文献を調べていくと、この哲学に類似した心理療法の存在に気づきました。CBTの主な源であり、1950年代にアルバート・エリスが開発した論理情動療法（rational emotive behavior therapy, REBT）です。エリスと、CBTのもう一人の先駆者であるアーロン・T・ベックのアプローチ法は、それぞれがストア哲学からヒントを得たものでした。

例えば、『うつ病の認知療法』（岩崎学術出版社刊）の中でベックらは「認知療法の哲学的起源はストア哲学者たちまで遡っていく」と書いています。実際、CBTとストア哲学には、共通するいくつかの心理学的前提があります。特に、私たちの感情は主に私たちの信念によって決定されるとする「感情の認知理論」においてそれが言えます。例えば、不安は「何か悪いことが起こりそうだ」という信念から成り立っているとベックは言います。また、共通する心理学的前提から、ストア哲学と認知行動療法は、不安、怒り、抑うつなどの問題に苦しむ人々にどのような心理的手法が有効か、同様の結論を導き出していました。

ストア派のある手法が特に私の注意を引きました。アドが「空からの眺め」と呼んだ手法です。古代の文献にはよく出てくるのですが、現代の心理療法や自己啓発の世界には、その手法についての記述はほとんどありません。これは、オリュンポス山にいる神々が地上を見下ろすように、起こっている出来事をはるか高いところから見ているようにイメージすることです。このように視野を広げると、心を平静に保つ助けになります。私も実践してみました。アドは、「空からの眺め」には古代哲学の中心的なテーマが一つのビジョンとして集約されていると言いましたが、その通りでした。その後、心理療法士を養成したり、学会で講演したりするようになった私は、私なりにアレンジした「空からの眺め」をガイドするようになりました。経験豊富なセラピストや研修生が100人ほど集まる会でこれを行なったところ、ほとんどの人がこのエクササイズを気に入り、自分が置かれている状況を上空から眺めながら、とても穏やかな状態を保つことができたと語ってくれました。私はこういった情報を自分のブログを介して紹介するようになりました。

現在、ストア哲学に対する関心が高まりつつあります。アメリカでは、マーケターで起業家のライアン・ホリデイが、ストア哲学をテーマにした『苦境《ピンチ》を好機《チャンス》にかえる法則』(パンローリング刊、原題 The Obstacle Is the Way, 2014) や『ストア派哲学入門――成功者が魅了される思考術』(パンローリング刊、スティーブン・ハンゼルマンとの共著、原題 The Daily Stoic, 2016) を出版しています。イギリスでは2017年に、イリュージョニストでテレビタレントのダレン・ブラウンがストア派からインスピレーションを得た『Happy』という本を出版しています。彼らの著書は、哲学界をはるかに超えたまったく新しい聴衆にまで届き、自己啓発や人生哲学としてのストア哲学が知られるようになっています。2017年には、科学的懐疑論者で哲学教授でもあるマッシモ・ピリウーチの『迷いを断つためのストア哲学』(早川書房刊、原題 How to Be a Stoic) と、共和党の政治家パット・マクギーハンの『Stoicism and the Statehouse』も出版されています。ストア哲学に関する本は、現在では、年数十冊のペースで出版されています。トーマス・ジャレット大佐が「ウォリアー・レジリエンス・トレーニング」の一部にストイシズムを採用し、この哲学の影響は軍隊にも及んでいます。また、NFLの幹部で元ニューイングランド・ペイトリオッツ監督のマイケル・ロンバルディがストア哲学を取り入れたことで、スポーツ界にもストイシズムの実践者が増えています。このようにストア哲学の人気が復活しているのは明らかですが、これらは氷山の一角に過ぎません。ストア派のためのオンライン・コミュニティも盛んになり、何十万人ものメンバーが日夜ストイシズムを論じているグループもあります。

ストア哲学を語り継ぐ

娘のポピーが４歳になった頃、お話を聞かせてほしいと言ってくるようになりました。私は子供向けの物語を知らなかったので、頭に浮かんだものを話してあげました。ギリシア神話、古代の英雄や哲学者の話です。彼女のお気に入りの一つとなったのがクセノポンの話でした。若かりし頃のクセノポンが、ある夜遅く、アテナイの市場近くの建物の間の路地を歩いていました。すると、物陰に隠れていた謎の人物が、突然、彼の行く手を木の杖で阻みました。そして、暗闇の中から声がしました。「品物を買いたいとき、どこへ行けばいいか知っているかい？」と。クセノポンは「私たちはアゴラのすぐそばにいますよ。そこは世界で最もすばらしい市場なので、宝石、食べ物、衣類など、望むもののすべてが手に入りますよ」と答えました。謎の人物は、しばらく沈黙したあと、別の質問をしました。「では、善き人になる方法を学ぶには、どこへ行けばいいか知っているかい？」と。クセノポンは呆気に取られて、どう答えていいかわかりませんでした。すると、その人物は杖を下げて暗闇から姿を現し、自分はソクラテスだと名乗りました。そして、「どうすれば善人になれるか、二人で考えてみよう。すべての品物がどこで買えるかを知るよりはるかに大切なことだから」と言いました。クセノポンはソクラテスに同行することにし、彼の最も親しい友人に、そして弟子になったのです。

ポピーに、「ほとんどの人は、人生には、おいしい食べ物、服、家、お金などのたくさんの善いものと、同じように悪いものがたくさんあると思っているよね。でもソクラテスは、それらすべてが悪いものではないだろうかと言ったんだよ」と説明しました。さらに、「ソクラテスは善いものは一つしかない、それは、外ではなく自分の中にあると考えた。つまり、知恵や勇気のようなものかもしれないね」と話しました。ポピーはしばらく考えた後、大きく頭を振って「違うよ、パパ！」とムキになったので、私は笑ってしまいました。私が微笑んでいると、「もう一度、そのお話をして」と言いました。もっと考えたかったのでしょう。ソクラテスはどうしてそんなに賢くなったのかと聞かれたので、「人生において大切なことをたくさん質問し、その答えをとても注意深く聞いたからだよ」と、彼の知恵の秘密を教えてあげました。私は物語を語り続け、彼女は質問し続けました。そこで気づいたことがあります。ソクラテスの逸話の数々をポピーに教えることが、それだけにとどまらなかったことです。賢く生きるとはどういうことなのかを自分の頭で考えるようにポピーを促していたのです。

ある日、ポピーが「お話を書いて」と言うので、書いてみました。話した内容をより長く、より細かくして、それをポピーに読み聞かせました。そのうちのいくつかは、私のブログで紹介しています。彼女と話し合っているうちに、生き方としての哲学を教えるには、いろいろな意味でこういったやり方がいいのではないかと考え始めました。古代の哲学者たちの実話を通してストア哲学の原則を教える本があれば、私の娘だけでなく、多くの人に役立つものになるからです。

次に、ロールモデルとして最適な人は誰かを考えました。この哲学に命を吹き込み、骨格に肉付けできるような人を。答えは、マルクス・アウレリウスでした。古代の哲学者たちの生涯について、私たちはほとんど知ることができません。しかし、マルクスはローマ皇帝だったので、彼の人となりについての記録が数多く残されています。今日、『自省録』として知られるようになったマルクスの内省に関する覚え書きもあります。

マルクスは、他の章とはまったく異なるスタイルで『自省録』の第1章を書き起こしています。家族や教師の中で自分が尊敬している人たちの美徳や特質を紹介するカタログになっているのです。全部で16人ほどを挙げています。彼は、ストア哲学を学び始めるには美徳の生きた例を見ることが一番だと考えたようです。マルクスが周囲の人たちを手本にしたように、マルクスをストア哲学の手本として紹介することは、理にかなっていると思いました。

私はこの本を、歴史を丁寧に読み解いた上で書いています。多くの資料を参考にしていますが、マルクスの人生と人物像については、主にカッシウス・ディオとヘロディアンの著書、『ローマ皇帝群像』などのローマ史から抜き出した記述と、『自省録』の中のマルクス自身の言葉がベースになっています。物語をいきいきとしたものにするために、ちょっとしたディテールや台詞を加えて肉付けした部分もありますが、現存する証拠に基づいてマルクスの人生を解き明かしていきました。

最終章は、ガイド付きの内省のようなスタイルになっています。『自省録』の内容に基づいていますが、彼の言葉を言い換えて、イメージしやすいよう長い文章にしています。また、他のストア派の著者の言葉やアイデアもいくつか加えています。内的モノローグや空想の形をとったのは、ストア派の死の概念や「空からの眺め」を表現するのに適した方法だと考えたからです。

この本は、マルクスが歩いた道を巡りながら、読者のみなさんがストア哲学がもたらす精神的な強さを身につけ、より深い充実感とともに生きていけるようにデザインされています。本の中で紹介した技術のいくつかは、ストイシズムと認知行動療法（ＣＢＴ）を組み合わせたものになっています。ＣＢＴはストア哲学に触発されて生まれた療法であり、両者には基本的な共通点がいくつかあります。ＣＢＴは不安や抑うつなどのメンタルヘルスにかかわる問題を改善するためのアプローチ法であり、将来、感情的な問題を起こすリスクを減らすためのレジリエンスの構築にも用いられています。しかし、短期的な療法なので、人生そのものを対象にするストア哲学と組み合わせることで、より多くの人に役立つ長期的なアプローチ法になったと思います。ストア哲学を人生の哲学として採用し、日々実践すると、レジリエンス、人格の強さ、自分の価値観に沿った生き方を学ぶことができます。それがこの本の真の目的になっています。

ストア哲学は、人生の目的をどう見つけるか、逆境にどう立ち向かうか、怒りをどう克服するか、欲望をどう和らげるか、苦痛や病気にどう耐えるか、不安に直面したときにどう勇気を示すか、喪失にどう向き合うか、そして、ソクラテスのように平静を保ちながら死を迎えるにはどうすればいいかを教えてくれます。

マルクス・アウレリウスは、ローマ帝国の皇帝として、たくさんの困難に立ち向かいました。『自省録』は彼の魂へと入っていく窓であり、彼が自分を導いていった方法を知ることができるものです。『自省録』の考え方に基づいた本書は、ちょっと変わった方法で読んでもらえたらと思います。マルクスその人になって、彼の目や彼の哲学のレンズを通して、あなたの人生を見てもらいたいのです。日々、ストア哲学者へと変貌を遂げていった彼の旅に同行してもらいたいのです。運命が許してくれるなら、あなたが、今、抱えている挑戦的な課題や普段の生活の中にある問題に、ストア派の知恵を適用できるようになるかもしれません。しかし、その変化はページから飛び出すものではなく、実践することによってのみもたらされるものです。マルクスが自分に向かってこう言い聞かせていたように。

善き人がどうあるべきか論ずるのは止めて、ただ善き人であれ。

〔『自省録』10-16〕

第1章

デッド・エンペラー

ストイシズムとは何か

西暦180年。ローマ帝国の北の辺境、ウィンドボナ（現在のウィーン）に置いた軍団の駐屯地で、皇帝マルクス・アウレリウスが死の時を迎えようとしていた。長く厳しかった冬が終わろうとしていた。6日前に熱が出てから、症状が急速に悪化していた。過去14年の間、帝国を荒廃させてきたアントニン・ペスト（おそらくペストではなく、天然痘の一種だった）にマルクスが屈しようとしていることが侍医の目には明らかだった。60歳に近いマルクスの身体は衰弱し、すべての兆候が回復する見込みの低さを示していた。しかし、奇妙なほど皇帝は落ち着き、死の淵にいることに無関心であるかのように見えた。彼はこの時の準備のために多くの時間を費やしてきた。幼い頃から学んできたストア哲学は、自分の死を穏やかに、そして理性的に受け入れるための訓練でもあった。ストア派にとって、死について学ぶことは人生の奴隷にならない方法を学ぶことでもあった。

死を当たり前なものとして受け入れる哲学的態度は自然に備わるものではない。マルクスの父親はマルクスがわずか3歳のときに亡くなっている。そのことが、彼を厳粛な雰囲気をまとった子供に変えていった。17歳になるとアントニヌス・ピウス（のちの皇帝）の養子になったが、それは、時の皇帝であるハドリアヌスが定めた長期的な後継者計画へ組み込まれることを意味していた。マルクスの素質をハドリアヌス帝は見抜いていた。それを受けて、アントニヌスは、その時代で最高の哲学教師をマルクスにつけて学ばせた。プラトンやアリストテレスの教えを専門とする教師もいたが、主に学ばせたのはストア哲学だった。この家庭教師たちが、マルクスの新しい家族になっていった。最愛の家庭教師の一人が亡くなったとき、マルクスは我を忘れて泣き叫んだ。それを見た宮廷の使用人たちは、未来の統治者としてふさわしくないという噂が広がるのを怖れてマルクスを押さえつけようとした。しかし、アントニヌスは放っておくよう彼らに命じた。「哲学をどれだけ学ぼうと、それが帝国の命令であろうと、湧き出る感情を奪うことはできない」と言って。ずいぶんのちの話になるが、数人の我が子を亡くしたマルクスが、ある訴訟の座長を務めたことがあった。弁護人が「疫病で亡くなった者は幸いなり」と話し始めると、公の場だというのに、ここでも涙を流している［参考文献47］。

マルクスはもともと愛情深い人だった。そして、大切な人たちを奪われていく喪失感に対処するため、ストア哲学にますます傾倒していった。今は自分が死の床に横たわりながら、亡くなっていった人たちのことを思い出していた。数年前、35歳だった妻ファウスティナを失った。13人いた子供のうちの8人の死に接するほど長く生きてきた。生き残った娘は4人いたが、5人いた息子のうち生き残ったのはコンモドゥスだけだった。死はいたるところにあった。マルクスが皇帝になった後も、疫病と戦争によって何百万人ものローマ人が死んでいった。軍団の駐屯地は、長い冬の間、疫病に対してとりわけ無防備になる。戦争と疫病が手に手を取って軍団を攻めていた。

横たわったマルクスの周りには乳香の甘い香りが重く漂っている。ローマ人たちは、乳香を焚いたときに出る煙と香りが疫病を退けると信じていた。その煙と香りは、明日を迎えることが保証されていないことをマルクスに思い出させるものになっていた。

疫病に感染しても必ず死に至るわけではなかった。しかし、便が黒く変わると致命的であることを宮廷医ガレノスは診てとっていた。それは腸からの出血を示している。その兆候が表れたことから、マルクスが死にかけていることは明白だった。さらに、ここにきて、もともと食が細かった皇帝が、意識的に食べ物や飲み物を断つようになっていた。

死は恐ろしい仮面をかぶったいたずら者だ——ソクラテスはいつもそう言っていた。誰もが恐れるその仮面を勇気とともに取り除くと、その下に恐怖するようなものは何もない。死を準備してきたマルクスも、遠くに見えていたときより、仮面が近づいてきた今の方が怖くない感じがしていた。体の中で何が起こっているのか説明するよう医師たちに命じる。症状を客観的に捉え、それを無関心に眺める訓練をするためだ。発した声は弱く、話すのが難しい。やがて疲れを感じたので、医師たちに幕営から出ていくよう促し、一人になって内省を始めることにした。

口から漏れる喘鳴《ぜんめい》を聞いていると、自分が皇帝であることを忘れていく。ここにいるのは、一人の死にかけている老人だ。ベッド脇に置いた幸運の女神フォルトゥナの黄金像を見ると、磨かれたその表面に自分の顔が映る。ストア派の教師たちは、自分の顔が何かに映ったら、死を受け入れる訓練をするよう彼に教えていた。そうすることが生きていく上でのレジリエンス（精神的に立ち直る力）を培っていくと。像に反射する顔に、去っていったローマ皇帝たちの顔を重ねていき、それぞれが自分を見つめる様を想像する。養父であるアントニヌス帝……養祖父であるハドリアヌス帝……200年前に帝国を創設し、絵や彫刻からしか知ることができないアウグストゥス帝……自分の顔に彼らの顔を重ねながら、「今どこにいる？」と自問してみる。そして、「どこにもいない――少なくとも話ができる場所はどこにもない」と自分に向かって語りかける［『自省録』10-31］。

眠気を覚えながら、先立っていった皇帝たちの死と、残っている彼らの痕跡が骨と灰だけであることを考える。かつては光り輝いていた彼らの人生も、彼らの名前も古び、別の時代を偲ばせるものになっている。ハドリアヌス帝と仲が良かったマルクスは、一緒にイノシシ狩りへよく出かけたものだ。しかし、マルクスの下にいる若い将校にとってのハドリアヌスは歴史の中にいる人物に過ぎない。生きていたハドリアヌスが、肖像画や彫像に取って代わられて久しい。アウグストゥス、ハドリアヌス、アントニヌス——皇帝たちは同じように去っていった。アレクサンドロス大王も、彼に仕えた身分の低い馬丁も、地面の下に等しく横たわっている。大王や馬丁だけでなく、誰にも同じ運命が待っている。

不意の呟き込みで一続きの思考が途切れる。その不快さを次の内省へと代えていく。自分も過去の皇帝たちと変わらない。ほどなくして、マルクスという名も歴史の中の皇帝たちに並ぶものとなる。そして忘れ去られていくだろう。避けようがない自分の死から目を背けなければ、いつまでも生きていられそうな幻想に迷い込むことはない。また、避けられないのであれば、その不幸を心配する必要もなくなる。人生において死は最も確実なものであり、知恵ある人にとって、最も恐れなくてもいいものの一つになる。永遠に続くものは何一つなく、いつかはすべてが過ぎ去っていく。その真実に抗おうとすれば、そこに残るのは、自分の力が及ばないものをコントロールしようとしている自分だけになる。そのことが理解できれば、〝今〟の大切さに目を向ける有益につながっていく。これが、死を受け入れることで、その都度、生を見直すストア哲学の訓練法になっていた。

マルクスは20代半ばでストア派として生きる決意をしている。それ以来、人としても統治者としても、ストア哲学が説く理想に近い人物に自分をつくり変えるトレーニングを続けてきた。過去に生きた哲学者とか教えを授けてくれた教師、とりわけ養父であるアントニヌスをロールモデルにして、知恵とレジリエンスを開発してきた。自分のロールモデルたちが実生活の中で、徳（知恵、正義、勇気、節制）をどのように示しているか、逆境をどう乗り越えているかなどを観察してきた。

身近な人の死に接しても、彼らはその運命に屈することはなかった。何度も喪失を体験したマルクスも、その度に訓練することになり、いつしか狂ったように泣くこともなくなっていった。「なぜ?」とか「どうしてこうなった?」と叫ぶこともない。今でも涙を流し喪失を悼みはするが、運命に向かって拳を振り上げ、悲しみをエスカレートさせることはなくなっている。生の流れの中に死があり、それは誰にも避けられないことだ。ここで、自分の番が来た。それだけのことだった。

哲学について考察する覚え書き（『自省録』）を数年前に書き終えているので、生涯に渡った内面への旅も最終段階にきていた。そして、ここまでの旅で自分が何度も死んでいることを思い出していた。まず、カエサルの称号（帝位継承者であることを意味する）を得て皇帝の住まいに移ったとき、子供だったマルクスが死んだ。アントニヌス帝が崩御して皇帝になったとき、カエサルだったマルクスが死んだ。戦争が始まり、軍団を指揮するために首都を後にしたことは、別の死を意味していた。都会生活から北の辺境での戦時生活への移行だ。そして、老人となったマルクスが今、最後の死と向かい合っている。生まれた瞬間から私たちは一日ずつ変わっていく。昨日と同じ自分はいない。それは絶え間のない死だ。このことに気づけば、今日の出来事とともに今日の自分を楽に手放せるようになる。流れていく水をつかめないように、今日にしがみつこうとしてもそれは無理な話になる。

やり残した仕事があった。体を起こして、駐屯地に呼び寄せていた家族と、「皇帝の友人」と呼ばれる側近たちを自分の幕営に招き入れる。娘たち、義理の息子ポンペイアヌス、生涯の友であり将軍でもあるウィクトリヌス、哲学者のクラウディウス・セウェルスたちが周りを囲む。一人ひとりにキスしたかったが、感染しないよう距離をとってもらう。

終わりが近づいている。誰もがそう感じていた。ベッドの周りに集まっている気が置けない仲間たちに、コンモドゥスを導いてほしいと念を押す。コンモドゥスには最高の家庭教師をつけてきたが、彼らの影響力は衰えつつあった。マルクスは40歳で皇帝になったが、コンモドゥスはわずか16歳で皇帝（マルクスとの共治帝）になっている。ネロ帝のように、年若い統治者は簡単に堕落する。悪い仲間に囲まれたコンモドゥスもその道を進む兆しを見せていた。

帝国の正式な継承者を意味するカエサルの称号を彼に与えたのは5歳の時だった。疫病が蔓延する最中にマルコマンニ戦争が始まったからだ。この混乱に乗じた帝位簒奪《さんだつ》者の登場に備えて継承者を指定しておかねばローマに安定はない。コンモドゥスの弟マルクス・アンニウス・ウェルスにもカエサルの称号を与え、マルクスは二人がローマ帝国を共に治めてくれる未来を望んでいた。しかし、しばらくすると弟の方が亡くなり、マルクスが元老院と合意した継承計画は不安定なものになっていた。その後、病気を患っていたマルクスが崩御したという噂が広がったことがあった。そのとき、帝国の東部で強大な力を誇っていた将軍アウィディウス・カッシウスが内戦を起こした。マルクスはローマにいたコンモドゥスをすぐさま北の辺境に呼び寄せて成人の証となる大人のトガを着せ、帝位継承を可能にした。そして、カッシウスの反乱を鎮圧した後も、コンモドゥスを皇帝に就かせる手続きを加速させ続けていた。しかし今、コンモドゥスが唯一の皇帝になったら、帝国は間違いなく弱体化する。北方にいる異民族は首都へ向かって侵攻する好機ととらえ、帝国の滅亡につながりかねない事態を招くだろう。死を前にしたマルクスの唯一の希望は、周囲にいる優れた人たちの指導に従って、コンモドゥスがローマ帝国の統治者として成長してくれることにあった。しかし、当のコンモドゥスはといえば、ローマに戻って楽しもうとそそのかす取り巻きと一緒にいることの方が多かった。

友人たち、特にポンペイアヌスにコンモドゥスへの教育を続けてほしいと頼んでいる最中に、突然、意識を失う。医師の手当てで意識が戻ると、自分を覗き込む不安そうな仲間たちの顔が目に飛び込んできた。何人かは泣いている。それを見たマルクスは、自分に対する涙など不要なのにと感じていた。避けられない、自分たちの力が及ばない死を嘆く必要などないのにと。日々死につつある運命にあるという意味では誰もが同じだ。その現実を自覚して、ここにいる人たちに価値ある人生を送ってもらいたかった。そこで、「あなたたち自身の死について考えずに、なぜ私のために泣くのか?」と声をかける。優しくそう諭され、部屋の中が静かになっていく。何を言っていいか誰もわからなかった。微笑んだマルクスは、「いとまごいすることを許してくれるなら、私の方から別れを告げたい。先に逝かせてもらうよ」と言い、幕営から立ち去るように弱い身振りで示した〔『ローマ皇帝群像』〕。

翌朝早くに目覚めたマルクスは、これが最期だと悟ってコンモドゥスを呼んだ。10年以上にわたる異民族との戦いは最終段階に差し掛かっていた。彼は息子に、敵対する部族は降伏するまで追撃し、進行中の和平交渉はうまくまとめて、異民族それぞれが納得する結末に導くよう命じる。長引いた戦争への莫大な投資と、戦闘によって失われた多くの命があった。コンモドゥスが最前線に留まらなければ、元老院はそれを裏切りと見なすだろう。

マルクスの枯れた体を見つめながら、コンモドゥスは父に対する恐怖と反発を感じていた。

ここにいると疫病にかかるかもしれない、安全なローマに戻りたいと不満を口にする。すぐに唯一の皇帝として望むことができるようになるから、数日待ってからローマに向けて出発するようコンモドゥスに約束させ、父親殺しの罪に問われないよう兵士たちにコンモドゥスを保護させる。

死の床にあって、自分の死を歓迎する者がそばにいないことほど幸運なことはないとマルクスは書いている〔『自省録』10-36〕。皇帝であるマルクスと対立する価値観をもち、自分がいなくなることを喜ぶ人間を何百人も思い浮かべることができた。マルクスの知恵や徳への想いや、市民が自由に過ごせるローマ帝国というビジョンを嘲笑する人たち。そんな環境にあって、ストア哲学は、恐れを必要としない死を教えてくれた――それは、熟れたオリーブの実が枝から落ちるとき、自分を実らせてくれた樹に感謝し、受け止めてくれる大地に感謝するような最期の迎え方だった。ストア哲学者にとっての死は、自然の営みの中にある変化の一つであり、来たときと同じ場所に自分の体が戻ることだ。だから、友人たちも「私たちは彼を失ったのではない、彼は神々と自然のもとへと還《かえ》っていったのだ」と弔辞を述べてくれるはずだ。

マルクスが危篤の中、コンモドゥスは「カエサル殿、ローマに戻って贅沢しよう、こんな泥水ではなく、きれいな水を飲みに帰ろう」と懇願する取り巻きに振り回されていた。コンモドゥスの前にポンペイアヌスだけが立ちはだかっていた。「戦争を放り出して逃げ帰るのは恥ずべきことだし、元老院も無能と見なしますよ」と諌めると、一時、コンモドゥスは最前線に留まるそぶりを見せた。しかし、マルクスが崩御すると、帝位を狙った反乱が起きる可能性があるので首都に戻らなければならないと主張し始め、異民族に巨額の賄賂を払って戦争をうやむやに終結させてしまった。兵士たちが死と向き合ってきた最前線からの逃亡は、父から受け継ぐはずだった軍団の信頼を一挙に失うも同然だった。その後、自らをヘラクレスの化身と称するようになったコンモドゥスは、剣闘士としてスターのように振る舞うようになっていく。軍からの信用失墜を民衆からの支持で埋め合わせ、皇帝の地位を保とうとしたのだ（訳者注：皇帝権力は軍隊の力によって生み出されるという考えがあった）。死から逃れようと必死になる人ほど、死の腕の中に飛び込んでいくことになるとストア哲学は教えている。コンモドゥスがまさにそうだった。体が弱かっただけでなく、過酷な環境下で軍団を指揮する重責に耐えながら、マルクスは58歳まで生きた。対照的に、度重なる暗殺未遂に遭ったコンモドゥスは、死から逃れようと被害妄想と暴力に陥っていく。彼が暗殺されたのは31歳のときだった。臣民に慕われない統治者を守るには、護衛がどれだけいても足りない――マルクスはよくそう言っていたが、息子のコンモドゥスがそれを証明することになったのだ。

後継者は、皇帝が残す最も重要な遺産の一つになる。しかし、ストア哲学者は、自分以外、誰もコントロールできないことを知っている。ソクラテスのような至高の賢者にさえ、制御できない弟子や子供がいたのだ。マルクスは、人生で起こる出来事のすべてが「自分次第ではないもの」であることを受け入れていた。死後に起こることなら、なおさらコントロール不能だ。結局のところ、マルクスが残した本当の遺産はコンモドゥスではなく、のちの世代に伝わった彼の哲学とその実践にあった。北の辺境での軍事行動に就いた頃、マルクスは哲学についての考察を短いメモと格言にして記録し始めていた。収集されたその時の記録が、今日、『自省録』として知られるものになっている。この覚え書きがどのように生き残ったかはミステリーに包まれている。誰かに遺贈しない限り、コンモドゥスの所有物になっていたはずだ。おそらく、廷臣たちとの最後の会談の中で誰かの手に渡っている。息子の人格に失望していた死につつある皇帝は、少なくとも『自省録』は親友が守ってくれると信じていたはずだ。

兵士たちにともなわれてコンモドゥスが出ていくと、夜警に立った年若い将校をマルクスが手招きして呼び寄せ、彼の耳元で何かを囁いた。それから頭をシーツで覆って眠りに落ち、病に倒れてから7日目の夜に静かに息を引き取った。あくる朝、医師たちが皇帝の死を公表し、軍営全体が混乱の中に投げ込まれた。その知らせが届くと、兵士が泣きながら駐屯地の通りを埋めていった。

マルクスの死が伝わって外の騒ぎが大きくなってきたとき、マルクスの最後の言葉を聞いた年若い将校に、「皇帝は何とおっしゃったのですか?」と護衛たちが尋ねた。声にしようとして将校が口籠もった。そして困惑するように眉間にしわを寄せ、皇帝の最後の言葉を口にした。
「昇る太陽に向かって行け。私はもう沈みつつある」と〔カッシウス・ディオ『ローマ史』〕。

ストア派の物語

古代世界で最後の著名なストア哲学者――それがマルクス・アウレリウスです。そのストア哲学の物語は、彼の死のおよそ500年前の難破船から始まります。キプロス島出身の若く裕福なフェニキア商人であるゼノン（キティオンのゼノン）が、紫色の染料を積んで地中海を旅していました。皇帝や王のローブを染めるために使われることからインペリアルパープル（ロイヤルパープル）と呼ばれ、わずか数グラム得るのにも、発酵させた何千もの貝を手作業で切り分ける必要がある貴重な染料でした。その高価な商品を載せた船が激しい嵐に巻き込まれてしまいます。命からがら船から逃げ出したゼノンは、浜辺で波に洗われながら、沈没する船と一緒に染料が溶けて海へ戻っていくのを見守ることになります。

この難破によってゼノンはすべてを失ったと言われています。途方に暮れたゼノンはアテナイに向かい、無一文の移民として物乞いを始めます。その後、どう生きたらいいかを知るために、アポロン神の神託が得られるデルポイを訪れています。巫女が降ろした神託は、「死んだ貝から色を取るのではなく、死んだ人から色を取れ」というものでした。デルポイの神託は解釈が困難なことで知られていましたが、謎めいたこのお告げに困惑したゼノンは、落胆したままアテナイに戻るしかありませんでした。なす術なく本屋の店先に座り込んでいたゼノンは、そこでクセノポンが書いた『ソクラテスの思い出』を手にします。ソクラテスの言葉や行動を書き留めたその本の中の一節が雷のようにゼノンを打ち、その後の彼の人生を完全に変えることになるのです。

当時のギリシアでは、生まれが高貴な者に徳が備わると考えられていました。しかしソクラテスは、徳は知恵が形を変えたものであり、鍛錬すれば誰もが習得できるものだと教えていました。それは、ゼノンがデルポイの神託の意味に気づいた瞬間でした。『ソクラテスの思い出』などから得られる前の世代の哲学者たちの教えを吸収すること、つまり「死んだ人から色を取る」ことで、彼らの哲学を引き継ぐという意味だと悟ったのです。

ゼノンは興奮しながら「ここに書かれているような人たちとは、どこに行けば会えるの？」と本屋に尋ねました。そこにたまたま、テーバイのクラテスと呼ばれるキュニコス派の哲学者が通りかかったので、本屋はクラテスを指差し、「あの男について行け」と言いました。ゼノンはそのままクラテスの弟子になり、シノペのディオゲネスが創始したキュニコス哲学を学び始めます。このように、ストイシズムはシニシズム（キュニコス派の教え）を源流にもつ哲学で、マルクス・アウレリウスの時代まで2つの哲学は密接にかかわっていくことになります。

シニカル（cynical）という言葉につながっていく小文字で始まるシニシズム（cynicism）からは、冷笑的だったり、皮肉的だったりする態度が思い浮かびます。しかし、それは大文字で始まり、古代哲学を意味するシニシズム（Cynicism）の内容とはあまりかかわりがありません。後者は、さまざまな「自発的苦難」を自分に課すことで、徳と人格の強さを育むことを目的とした実践哲学です。しかし、ゼノンはシニシズムに完全に満足できませんでした。この教えに知的厳密さが欠けていることに気づいたからです。そのため、ソクラテスの最も有名な二人の弟子が設立した哲学学校──プラトンがつくったアカデミアと、メガラのエウクレイデスがつくった哲学学校──にも通い始めます。

ゼノンは、キュニコス派にとどまらず、アカデミア派による形而上学的理論、メガラ派による論理学など、哲学のさまざまな〝色〟を吸収していきます。そうすることで、アテナイで学ぶことができるさまざまな哲学の優れた側面を統合しようと考えていたようです。例えば、哲学者になるという意味においてキュニコス派とアカデミア派は根本的に異なる考えを持っていました。キュニコス派はアカデミア派を仰々しい机上の学問だといって嘲笑し、アカデミア派はキュニコス派を粗雑で極端な考え方──プラトンはディオゲネスを「狂ったソクラテス」と呼んでいたそうです——だと軽蔑していました。ゼノンは、二派の融和点になれる自身の立場をそこに見たに違いありません。

およそ20年間、アテナイで哲学を学んだゼノンは、アゴラ（広場）を見渡せる公共建造物であるストア・ポイキレ（彩色柱廊）で講義をするようになります。そこに集まった生徒たちは、もともとゼノンの徒と呼ばれていましたが、ストア（柱廊）で学んでいることにちなんで自分たちを「ストアの徒」と呼ぶようになります。柱廊《ストア》派という名称には、この哲学がもつ実践的で地に足がついた性質が暗示されているようでもあります。それは、ソクラテスが知恵と徳について議論していた市場近くのストリート生まれの哲学なのです。ゼノン派からストア派への名称変更は大きな意味をもっています。他の哲学各派と違って、創始者であるゼノンは、自分が完璧な知恵や徳を備えていると言うことはありませんでした。生徒に対するゼノンの態度は、後にセネカが述べた内容に似ています。セネカは自分を、医師のような専門家ではないと言いました。そして、隣の病床にいる患者に自分の治療の進捗状況を説明する先輩患者のようなものだと表現しています。ストア派の教えの中には〝賢者〟という用語が出てきますが、ストア派に実際の賢者はいません。それは理念というか、理想的な到達点を示すものです。この点は、ストア派のライバルと目され、創始者にちなんで名付けられたエピクロス派と著しい対照を成しています。エピクロスは、自分は賢者であると公言していました。そして、弟子たちに自分の言葉を暗記させ、誕生日を祝わせ、像を崇拝させたのです。

　ゼノンは、富や名声よりも知恵に重きを置くようになったきっかけがあったと生徒たちに語っていました。「難破して全財産を失ったおかげで、私は幸せな航海に出ることになった」が口癖でした［ディオゲネス・ラエルティオス『哲学者列伝』］。今日の心理療法の現場でも、仕事を失ったことが、実は人生で起こった最高の出来事だったという逆説的な結論に到ることがよくあります。ゼノンがキュニコス派から学んだのは、富をはじめとする外的な事柄に対して無関心になり、徳に沿って生きれば真の幸福に至ることができるという考え方でした。キュニコス派は、私たちにとって大切なのは人格だけであり、〝それ以外〟にはまったく価値がないと見なせるようになることが知恵であると考えていました。そして、そういった姿勢を身につけるために、苦難に耐え、ある種の欲望を放棄する心理的訓練を自分たちに課していました。

　キュニコス派と違い、その他の学派では、幸福になるには徳に加えて心の外にある好ましい事柄――健康、富、名声など――も大切であると教えていました。問題は、こういった外的なものが部分的に運命の手に委ねられているため、多くの人にとって善い人生を手に入れることが難しいと思えることです。例えば、ソクラテスはアテナイの基準で言えば醜い顔をしていて、貧しく、敵から迫害され、最後には死を選んでいます。それだけ聞いたら絵に描いたような不幸な一生と言えます。しかし、ハンサムで、裕福で、誰からも称賛される人生をソクラテスが送っていたら、彼は幸福だったでしょうか？　ソクラテスの偉大さは、運命が用意したさまざまな障害に対処していった徳と人格の強さにあったと言えないでしょうか？　ゼノンの革新は、富といった外的な優位性にも価値があることを認めた上で、それが徳とは異なる種類の価値であるとした点にあります。キュニコス派同様、ストア派にとっても徳が唯一の善であることに変わりはありません。しかし、外的な優位性を完全には排除しなかったのです。病気よりも健康、貧困よりも富、敵よりも友人を好むのは自然なことです。この外的な優位性は、より多くの〝機会〟をもたらします。そのため、幸福な人生と無関係とは言い切れません。しかし、それさえあれば幸福になれると言うほどの価値はないと考えたのです。

　ゼノンはキュニコス派の訓練から強い刺激を受けていましたが、その過激さを他の哲学学校の教えと組み合わせることで和らげ、より多くの人が実践できる哲学を目指しました。また、キュニコス派が拒絶していた知的学問が人格の向上に役立つことを確信し、倫理学、論理学、物理学（形而上学と神学を含む）の3分野に分けたカリキュラムをつくりました。さらに、何人かの指導者を選んで生徒たちに基本を教え始めました。しかし、生徒たちには一貫して、学ぶだけでなく自分の頭で考えることを求めました。ゼノンが亡くなると、元ボクサーで、ゼノンの弟子の一人となって庭の水撒《ま》きで生計を立てていたクレアンテスが学頭と呼ばれる代表者になりました。その後を継いだのが、古代世界で高く評価されている知識人の一人、クリュシッポスです。ストア哲学の原型をつくったのはこの3人です。

ゼノンとクレアンテスの教えは簡潔で実用的なものでした。ルーツであるキュニコス派に倣って、長たらしい学術論議を避けながら、生徒たちの人格を向上させることに注力しました。ゼノンの話はぶっきらぼうだと誰かが苦情を言ったとき、ゼノンはそれを認めただけでなく、「できることなら音節も省略したいのだが……」と答えたそうです。一方、クリュシッポスは多岐にわたる議論を展開し、700冊以上の本を書きました。彼の時代になると、他の学派、特に勃興しつつあったアカデミア派の懐疑論者からストア派の考え方が批判されるようになっていました。自派を守るため、クリュシッポスには、より高度な議論を展開する必要があったのです。

クリュシッポスの師だったクレアンテスはゼノンの教えに忠実でした。しかし、優れた知識人とは言えませんでした。クリュシッポスは、クレアンテスが単刀直入に結論を教えてくれれば自分がそれを補完できるのにとよく言っていたそうです。現代でも、ストア哲学を学ぶ人たちは同様の態度をとっています。彼らは、ストア派の世界観に惹かれながらも、現代的な科学や哲学を用いてその世界観を〝アップデート〟することを好みます。今までストイシズムが教条主義に陥ったことはありません。クリュシッポスがゼノンやクレアンテスに異を唱えた時代から、ストア派の進化するスタイルが続いているのです。

ゼノンが始めた学校は数世紀続いた後、分裂してしまいます。しかし、幸運なことに、共和国時代のローマがギリシア哲学を受け入れ始めていました。そして、当時のローマ人の気風に合ったのがストア哲学でした。カルタゴを滅ぼしたローマの名将スキピオ・アフリカヌスも、ロードス島にあったストア派の学校で学んでいます。その後ローマに帰ったスキピオは、文人や哲学者を集めてスキピオ・サークルを結成し、この哲学の普及に努めています。

スキピオの数世代後に生きたローマの政治家で雄弁家のキケロは、ストア派を理解する上で最も重要な水源の一つになります。もとはプラトンのアカデミア派の信奉者でしたが、ストア哲学にも精通し、多くの著作を残しています。一方、キケロの友人であり政治的ライバルでもあったウティカのカトーは、キケロいわく「完全なストア派」であり、ストア哲学を実践する生きた手本のような人でした。しかし、著作は残していません。ユリウス・カエサルの独裁的な支配に抗って内戦を起こしたカトーはストア派の英雄となり、のちの世代にインスピレーションを与え続ける存在になっています。

カエサルが暗殺されたあと、カエサルの姪の息子オクタウィアヌスがローマ帝国を創始してアウグストゥス（「尊厳ある者」の意）を名乗ります。彼も、有名なストア哲学者であるアリウス・ディデュモスを家庭教師にしてこの哲学を学んでいます。おそらくこのことが、アウグストゥスに続くローマ皇帝たちがストア哲学を学ぶ先例になっています。アウグストゥスの数世代後、ストア哲学者であるセネカが皇帝ネロの修辞学の家庭教師に任命され、後にネロのスピーチライター兼政治顧問になっています。同じ頃、ストア哲学者のトラセアが、ネロの恐怖政治に対する元老院の自主性を主張して自殺に追い込まれています。マルクスは、『自省録』の中でカトーやトラセアを称賛していますが、彼らが皇帝による帝国支配に抗った代表的な人物であったことは興味深い話だと言えます。

マルクスと違ってネロは哲学者からの反対意見に寛容ではなく、結局、セネカも処刑されてしまいます。皮肉なことに、ネロの護衛兵が所有していたエピクテトスと呼ばれる奴隷が、自由を得た後、ローマ史上最も著名なストア哲学の教師になっていきます。エピクテトスにも著書はありません。しかし、彼の生徒の一人だったアリアヌスがエピクテトスと生徒たちの議論を記録していて、それが数冊の『語録（ディアトリバイ）』として残されました。さらに、その教えの実践面が『提要（エンケイリディオン）』としてまとめられています。マルクスは、家庭教師のルスティクスからこれらの講義メモのコピーを借りています。マルクスには、自分をエピクテトス流のストア派だと自認しているところがあり、『自省録』の中に最も多く引用しているのもエピクテトスの言葉です。

染料商人ゼノンがストア派を創設してからおよそ500年が経っていましたが、マルクス・アウレリウスも「紫色の染料」について語っています。貝の粘液で染めた羊毛に過ぎない紫色のローブをまとって自分の人格をインペリアルパープルに染めるのではなく、ストア派の教師から受け継いだ哲学的な知恵で心を染めるようにと自分に言い聞かせているのです。マルクス・アウレリウスには、自分が第一にストア哲学者であり、第二に皇帝であるという強い自覚があったのです。

ストア派は何をどう考えていたのか

ストア哲学者たちは文章をよく書きましたが、そのうちの1%に満たないものしか残っていないと言われています。現代に最も影響を及ぼしているのは、ローマ帝国時代に生きた3人の哲学者によって書かれたものです。セネカによる書簡や随筆、エピクテトスの『語録』と『提要』、マルクス・アウレリウスの『自省録』がそれです。ほかにも、ギリシア時代初期のストア哲学者が書いたものの断片、キケロによる著作、誰が書いたものかわからない文章の断片などが存在します。ひどく不完全だと言えますが、これらからストア哲学の核となる教えを知ることができます。

ソクラテス以後のヘレニズム哲学が明らかにしようとしたのは、「どう生きたら人は幸せになれるか」ということでした。そして、各学派は、人生の指針をどう定義するかによって区別できます。ストア派にとっての指針は「自然と調和して生きる」ことにありました。それは、私たちの内なる自然を、宇宙の自然（摂理）に調和させることを意味しています。ゼノンはそれを「なめらかに流れるような生」になぞらえています。では、どうしたら自然と調和できるのでしょうか？

　ストア派が重視したのは理性でした。人間は他の動物と多くの本能を共有し、動物と同じように衝動によって動かされています。しかし、一方で人間は「考える生き物」でもあり、理性を働かせることでその衝動に従わないこともできます。このように理性的に考える能力こそが、私たちを人間たらしめています。私たちの意思決定を司る理性を、ストア派は「精神を支配する力」と呼びました。この「精神を支配する力」を使うことで、心に浮かんだ思考や感情、衝動を評価し、それが善いものか悪いものか、健全なものか不健全なものかを判断しているのです。そのため、理性を正しく働かせる必要があります。それを可能とするのが、人にもともと備わっている知恵です。知恵を用いて理性を正しく働かせる、そうすることが内なる自然と宇宙の自然を調和させ、豊かな人生を送ることにつながるとストア派は考えたのです。哲学とは「知への愛」を意味しますが、ストア哲学は文字通りそれを実践するためのものと言うことができます。

ストア派にとって、知恵を愛することと徳に基づいて行動することは同じ意味を持っています。「徳」という言葉が少し偉そうに聞こえるとしたら、それを表すギリシア語アレテー（arete）を、「人格の卓越性」と訳すこともできます。何かが卓越している、それは、機能を十分に果たしているということです。徳を用いると、人は人として卓越し、それが幸福をもたらすとする考え方だと言い換えてもいいでしょう。

ストア哲学の徳には、知恵、正義、勇気、節制の4つの美徳があり、ソクラテスに由来する四元徳（あらゆる徳の基礎となる4つの徳目のこと）を引き継いでいます。また、正義、勇気、節制の3つは、人生の異なる分野に適用する「知恵」だと理解されています。正義は私たちの社会的側面、つまり他人との関係に適用する知恵です。勇気は恐怖を克服するための知恵、節制は欲望を克服するための知恵であり、勇気と節制は、知恵や正義を妨げる不健全な情熱＝情念の克服にもかかわっています。

ある行動において知恵を使うには、善、悪、善や悪とは無関係な〝善悪無差別〟の違いを理解し、選択を誤らないようにする必要があります。そして、美徳（知恵、正義、勇気、節制）を選択すれば善につながり、悪徳（無思慮、不正、臆病、不節制）を選択すれば悪につながっていきます。それ以外のすべて――お金や名誉など――は〝善悪無差別〟であり、そこに大きな価値は置きません。注意したいのは、ここでいう善と悪が、道徳的な意味での善悪ではなく、幸福を追求する上で善い（有益な）ものであるか悪い（有益でない）ものであるかを指しているとです。

ゼノンは、徳が唯一の善であるとするキュニコス派の教えを踏襲しています。この点は絶対です。しかし、悪だけでなく、善悪どちらでもない〝善悪無差別〟まで人生から完全に排除したキュニコス派と異なり、〝善悪無差別〟を「好ましいもの」「好ましくないもの」「完全に無関心なもの」に区別しました。簡単に言うと、外的なものにもある程度の価値はある、しかし、私たちの心を捧げるほどの価値はないとしたのです。ストア派はこのことを、秤の一方に徳を置くと、その反対側にお金や名誉といった外的なものをどれほど積んでいっても相手にならない、つまりバランスすることはないと説明することを好みました。

死よりも生の方が、貧困よりも富の方が、病気よりも健康の方が、敵よりも友人の方が好ましいのはストア派にとっても同じです。しかし、それら「好ましいもの」は、〝利点〟とか〝機会〟程度のものに過ぎません。ちなみに、外的なものの中から、より「好ましいもの」を価値判断するときも知恵を用います。こういった社会的、物理的、身体的な優位性は賢く使えば善いものになりますが、愚かに使うと、自分や他人を害する悪いものに変わります。例えば、宝くじを当てた人によく見られるのが、この突然の富が、想像を超える悲惨な結末をもたらすことです。このように善悪どちらにもなり得るものは、それ自体、善とは言えないので「善悪無差別」に分類するのです。同じように、病気や貧困、敵など一般的に不幸（悪）と考えられるものも、知恵さえ使えば成長するための〝利点〟や〝機会〟に変えることができます。ストア派は、「好ましいもの」をできるだけたくさん得るのではなく、運命が用意するすべてを、知恵を使って賢く利用することを目指します。外に無数のものを求め、それを悪く用いるのではなく、何も必要とせず、すべてを善く用いようとするのです。

ストア派にとって何より大切なのは徳です。そのため、富などの「好ましいもの」を追求するために徳を犠牲にすることはありえません。私たちの知恵は、借金よりも富の方が好ましいと言うでしょう。しかし、その富を正義という徳を犠牲にして得ることはまさに悪徳です。

ストア派は理性を重視しますが、最高の価値は知恵と徳にあると考えます。そのことを説明するために、よく理性を宮廷に対する王の役割にたとえます。宮廷内にいる人は、誰もがヒエラルキーのどこかに位置しています。しかし、王にはそこにいるすべての人に役割を割り当てるという唯一無二の役割があります。私たちが何を選択するかにおいて、この役割を担うのが理性です。そのため、理性を「精神を支配する力」と呼ぶのです。富や食べ物など、特定のものを欲しがるのは人間の本性ですが、理性を用いればそこから一歩下がって、今、望んでいるものが実際に善いものであるかそうでないかを吟味できます。知恵と徳がここで他に類を見ない価値を持つことになるのは、それがものの善悪や価値を正しく判断することを可能にするからです――知恵と徳が、それ以外のすべての価値判断の源泉になるのです。そのため、全世界を手に入れたとしても、知恵や徳を失ったら、その〝世界〟から有益なものを得ることができなくなります。

知恵と徳を大切にすることに加えて、ストア派は、人間が社会的な生き物であることも重要視してきました。前提としたのは、「自然な愛情」を介した親と子供のつながりです。この「自然な愛情」によるつながりは、配偶者、両親、兄弟、親友などにも及んでいく傾向があります。さらに、知恵が成熟してくると自分を導く理性の働きを意識するようになります。そして、同じように理性を働かせている他者も意識するようになります。「自然な愛情」が理性を通じてすべての人類とつながっていき、ある意味、彼らを兄弟姉妹のように見るようになります。だからこそストア派は、コスモポリタニズム、つまり、ソクラテスに由来する「世界市民」になることを自分たちの理想としました。現代人がストイシズムと言うとき、この社会や他者に対する愛情を育もうとしたストア哲学の社会的側面が見過ごされています。実際、『自省録』においても社会的側面が主要なテーマの一つになっていて、事実上ほとんどのページで、公正さ、優しさ、自然な愛情、コスモポリタニズムに触れています。

ストア派が感情を抑制する人たちだというのもよくある誤解です。ストア派は、鉄の男になったり石の心を持ったりすることが目的ではないと一貫して否定してきました。そして、人間に関する感情も、善、悪、善悪無差別に分類しています。例えば、〝善き〟感情を意味するエウパテイア（eupatheiai）には次の3つがあります。

1 知恵や徳と調和して生きる過程で得られる喜びや高揚感、心の安らぎ
2 良心、尊厳、誠実さなどからくる、悪徳に対する嫌悪感
3 友情、優しさ、善意を通じて、自分も他者も助けたいと思う欲求

また、ある出来事に対して、驚いたり、苛立ったり、青ざめたり、緊張したり、震えたり、汗をかいたり、口籠もったりする「最初の反応」も自然なものと見ていました。それらは情念へとエスカレートする可能性がある自動的な反射反応です。こういった反応は人間以外の動物にも見られるものなので、善でも悪でもありません。そのため、抑制する必要などないのです。セネカは、勇気や節制といった徳を示す前には、少なくとも〝恐怖心〟やそれを克服したいという〝欲求〟がある程度は必要になるというパラドックスを指摘しています。つまり、ストア派の賢者であっても、危機に直面すると当たり前のように震えるということです。大切なのは、次に何をするかです。彼はその感情を受け入れます。そして乗り越え、知恵を用いて、勇気と節制という徳を示そうとするのです。

痛みの中にも私たちを強くするものがあり、喜びの中にも私たちに害をもたらすものがあります。大切なのは、その時々の経験をどう活用するかであり、それには知恵が必要になります。賢い人なら、それが自分の体を健康にするのであれば、手術を受けたり激しい運動をしたりするときの痛みや不快感に耐えるでしょう。一方、ジャンクフードを食べたり、アルコールに溺れたり、朝寝坊したりすることが体や人格に悪い影響を与えると判断すれば、これを避けるでしょう。このように、すべての行為が知恵を使って理性を鍛えるエクササイズになります。意識することなく知恵や徳を用いられるようになることが、「自然と調和して生きる」ことなのです。

以上から、哲学としての「ストイシズム（Stoicism）」と、一般的に考えられている「ストイシズム（stoicism）」の混同が、どれほどの誤解を生み出しているかわかってもらえたと思います。小文字のストイシズムは感情を抑制して痛みや逆境に耐えるような態度を指しています。大文字のストイシズムの方は、ギリシア哲学の一体系であり、知恵や徳を通して幸福に至るための実践法です。また、のちほど詳しく述べますが、感情を抑制するどころか現代の認知行動療法（CBT）や論理情動療法（REBT）に引き継がれている、不健全な感情に対処するための心理療法的な側面も持ち合わせています。以上のように、マルクス・アウレリウスや他のストア派哲学者が教えているストイシズムと一般的な意味でのストイシズムの違いを理解しておく必要があります。

次の章から、不安、怒り、喪失感など、特定のタイプの心理的問題を克服するためにストア哲学で使われている技術を学んでいきます。マルクス・アウレリウスの物語は、ストア哲学に人間的な顔を与え、実生活における応用例を提供してくれるでしょう。次の章では、マルクスの生い立ちと、彼が受けた教育、ストア派的な言葉の使い方を紹介していきます。それは、私たちが日々出会う心理的な問題の核心に迫っていくものになります。

第2章

真実を語る子供

賢く言葉を使う方法

マルクス・アウレリウスは、西暦121年4月26日、首都ローマに生まれている。幼少期の名はマルクス・アンニウス・ウェルス。ローマに移住する前、マルクスの一家は、ローマ帝国の属領であるヒスパニア・バエティカ州（現在のスペイン）の小さな町ウクビに住んでいた。マルクスが3歳のときに父親が亡くなり、彼は父についてほとんど知らずに育っている。『自省録』には、人から聞いた話とわずかな記憶を頼りに、父が雄々しく謙虚な人だったと書いている。

マルクスは、母と、貴族である父方の祖父の手で育てられた。元老院議員で執政官（帝国の最高官職）に三度就いた祖父は、時の皇帝ハドリアヌスの親友で、ハドリアヌスの妻である皇后サビーナの義理の兄でもあった。皇帝と縁のある裕福な貴族一家の一員として、マルクスは自然と祖父が属する社交界に加わり、皆からかわいがられるようになっていく。そして、マルクスがもつ何かがハドリアヌス帝の目に留まり、〝皇帝に見守られて〟育つことになる（『ローマ皇帝群像』）。マルクスが幼い頃から、ハドリアヌスは彼に栄誉を与えていく。普通は成人式後に叙せられる騎士階級を6歳で授かり、8歳になるとサリイ神官団の一員に任じられている。サリイ神官団とは、軍神マルスの日に鎧に身を包み、剣と盾を手にして、マルスを称えながら儀式的な舞踏を披露する〝跳躍する祭司〟の集団である。マルスへの賛歌は古式のラテン語だったが、マルクスはこれをすべて暗記し、指導的立場になっていく。

マルクスの姓であるウェルスは〝真実〟を意味している。この姓をもじって、ハドリアヌスは最上級のウェリッシムス（これ以上ない真実）というニックネームでマルクスを呼ぶようになる。それは、この少年が宮廷内で最も率直に発言する人物であると見なしたようでもあった。実際、ウェルス一族の貴族らしからぬ誠実さは帝国内でも有名だった。そんな環境の中で育ったマルクスには率直な言葉を好む傾向があった。そのことが、後に出会うストア哲学への親しみにつながっていったと考えられる。しかし、マルクス少年は、ハドリアヌスの宮廷で正反対の知的文化に身を置くことになる。ハドリアヌス治世下のローマでは、ギリシアの芸術と文学がもてはやされていた。修辞学と雄弁術を重んじる第二次ソフィスト運動が高まりを見せ、それが宮廷で優勢な学問になっていた。ギリシア文化を学んだ知識人、特に雄弁家が高く評価され、エリート層の家庭教師になっていったので、帝国の中心部で饒舌なギリシア文化が花開いていった。

効果的にスピーチする技術を研究する修辞学は、若い貴族にとっても必須のカリキュラムになっていた。修辞学教師はソフィストとして知られていた。彼らは雄弁術のかたわら、ソクラテスの時代のギリシア文化をよみがえらせようと、哲学の断片のようなものをレッスンに含めることがあった。過去にソクラテスが見抜いていたように、ソフィストが言う哲学は徳を身につけるものではなく、他者の耳目を引くためのツールだった。簡単に言うと、知恵や徳について多くを語りはしたが、説いている価値観に沿った生き方をしているわけではなかった。大切なのは議論において他者に競り勝つこと、世間から喝采を浴びることだったのだ。そのため、知恵そのものよりも、知恵の見せ方のほうに重きを置くローマ人が増えた。皇帝自身もこれに夢中になった。『ローマ皇帝群像』によれば、ハドリアヌス帝は散文や詩を書く才能をいくらか持ち合わせていた。しかし、自分が文化的で知的な人間であることを示すために教師たちを嘲笑し、人前で恥をかかせようとした。名高い教師や哲学者たちとのもったいぶった議論を好み、相手を攻撃する小冊子や詩を発表した——今の時代でいえば、インターネット上の炎上や荒らしのようなものだった。

ハドリアヌスは間違いを指摘されることを嫌い、自分に反対する知識人には容赦なく復讐した。例えばアレラテのパボリヌスだ。彼は帝国内屈指のソフィストであり、アカデミア派の懐疑主義に精通し、修辞学的な雄弁さも際立っていた。しかし、ハドリアヌスの不興を買って、不毛の地だったギリシアのキオス島に追放されている。そんなハドリアヌスだったが、洗練（Sophistication、ソフィストが語源になっている）という言葉からはほど遠いウェリッシムスの誠実で明快な語り口をとても好んでいた。

有能な統治者だったハドリアヌスは、情熱的で機知に富んでいた。頭の回転も速かった。しかし、賢明とは言い難かった。元奴隷で、ストア哲学教師として、帝国史上最も名高いエピクテトスの友人だったという説があるのだが、このまっすぐな哲学者が、一枚上手に出なければ気がすまないハドリアヌスを受け入れる姿を想像するのは難しい。エピクテトスの教え子であり、『語録』と『提要』を執筆・編集したアリアヌスとハドリアヌスの仲がよかったのは確かだが、この皇帝にとっての哲学もソフィストと同じように表面的なものだった――つまり、知識を誇示するための材料にしていただけだった。

ソフィストたちとは対照的に、エピクテトスは、学術的な学びと知恵を混同してはいけないこと、つまらない論争をしないこと、抽象的すぎたり学術的すぎたりするテーマに時間を浪費しないことを生徒たちに警告し続けた。彼は、ソフィストとストア哲学者の根源的な違いを強調した。前者は聞き手の称賛を得るために話し、後者は聞き手に知恵と徳を共有してもらうために話すのである〔『語録』〕。ソフィストの話はエンタテインメントのように耳に心地よい。一方、哲学者の話は、教訓的だったり心理療法的だったりするので、しばしば耳に痛いものになる——聞き手が自身の過ちや欠点と向き合い、ありのままの自分を見つめる作業になるからだ。エピクテトスは「哲学を学ぶ場は診療所だ。楽しみより、痛みを期待して行くべきだ」と言っていたという。

成長するにつれ、マルクスはソフィストの価値観に幻滅し、ストア派の価値観に親しむようになっていく。この点については母親の影響が大きいだろう。マルクスの母、ドミティアはローマの名門貴族の出で、ローマ近郊にあったレンガ工場を含む莫大な財産を相続していた。とても裕福だったが、マルクスは後に、「金持ちの生活とはかけ離れた」母親の慎み深い生き方から強い影響を受けたと語っている〔『自省録』1-3〕。

ドミティアの質素な生活への愛と見栄を張ることへの嫌悪感は、息子に強い感銘を与えた。数十年後、マルクスは『自省録』の中で宮廷生活の不誠実さと腐敗に対する幻滅を明かすことになるが、ストア哲学に頼ることで、そこでの生活や、そこにいる人々に耐えられるようになったと付け加えている〔同8-9、6-12、5-16〕。さらに、徳に従って生活するのが難しいローマにあっても、善く生きること、賢く生きることは可能だと常に自分に言い聞かせていたと述懐している。

母親からは寛大さも学んでいる。一人いた妹が結婚したとき、父がマルクスのために残した遺産を彼女に譲っている。マルクスはそのほかにも生涯を通じて数多くの遺産を引き継ぐことになったが、決まって故人の近親者に譲っていた。数十年後、第一次マルコマンニ戦争が始まったときに国庫が枯渇していることに気づいたマルクスは、競売を開催し、宮廷にあった宝物を売り払って戦争資金に当てている。装飾品に対する〝無関心〟が、国の危機と向き合う上で大きな意味を持つことになったのだ。

ギリシア文化を愛していた母親は、のちにマルクスの教師や友人となる知識人たちに息子を紹介していった。のちにマルクスのメンターになるユニウス・ルスティクスもその中にいた。母親のギリシア文化への愛に加え、躾けられていたときに心に刻み込まれたローマの古風な価値観が、マルクスをストア哲学に導いていったのは間違いない。

実践技術としての哲学をマルクスが学び始めたのは、母親の家に住んでいた少年の頃だ。肉体的な不快感に耐え、不健全な習慣を克服する大切さを独学で学び、空約束やお世辞に振り回されないことも心がけるようになっていった。

感情に引きずられないようにすることがストイシズムを訓練する第一段階になる。エピクテトスはこれを「欲求の統制」と呼んでいる。対象とするものには、欲求だけでなく恐怖や嫌悪といった情念も含まれている。前章で見てきたようにストア派はキュニコス派から強い影響を受けていて、エピクテトスはキュニコス派的な側面が強いストイシズムを教えていた。彼のスローガンは「耐えて放棄せよ」だった。マルクスはこの言葉を思い出すように、自分の力が及ばない（自分次第ではない）事柄を冷静に受け入れながら、他人の欠点に耐え、他人に対する不正行為を慎むよう自分に言い聞かせている〔『自省録』5-33〕。

家族から受け継いだ資質と教えについて記した後、『自省録』の第一巻は、おそらく母親の家にいた奴隷（あるいは解放奴隷）である守り役についての記述に移っていく〔同1-5〕。身分が低いこの守り役が、自分の精神的成長に大きな影響を与えたとマルクスは信じていた。名前が書かれていないこの男は、幼いマルクスに、自立すること、人生において必要とするものが実は少ないこと、さらには、誹謗中傷に耳を貸さないこととか、他人の関心事に首を突っ込まないことなどを教えている。さらに、戦車レースや剣闘士の試合で特定のチームに肩入れするなと指導している。

キュニコス派はさまざまな方法を通じて心を鍛える訓練を行なっていた。さらに、外的な事柄に対する無関心を育み、他人からの称賛や非難を意に介さないことで、真実を率直に語る力を手にしていた。マルクスの守り役がキュニコス派の影響を受けていたのか、たまたま同じような価値観を持っていたのかは知ることができない。しかし、マルクスが将来ストイシズムの訓練を受ける上での土台をつくったのは、この無名の教師だった。

その後、マルクスは絵の先生であるディオグネトゥスから正式な哲学を学ぶことになる。二人はマルクスが12歳くらいのときに出会っている。パンの塊のひび割れ、老人の顔に刻まれたしわ、イノシシの口から滴り落ちる泡など、『自省録』の中には画家を思わせる細部にこだわった視覚的記述がある。これらの観察は、全体（大きな画）の中の一部として見ると、一見、欠点と思われるものの中にある美しさと価値が明らかになるとするストア哲学の形而上学的な考え方を説明するために使われている。これは、ディオグネトゥスと交わした哲学的な会話をマルクスが思い出して書いた内容かもしれない。

ディオグネトゥスは、ウズラの戦いのような人気のある娯楽（それは、現代のオンラインゲームと同様、古代ローマで人気のあるゲームだった）に入れ込んで時間を無駄にしないよう彼を指導し、奇跡や魔法を商売にする詐欺師や悪魔祓いに騙されないようにと注意している。また、地べたに毛皮を敷いて寝るスタイルを教えているが、これらがキュニコス派からの影響であることは間違いない［『自省録』1-6］。『ローマ皇帝群像』は、ディオグネトゥスが家庭教師になった頃に、マルクスが哲学者の服（ギリシア風の粗末な外套）を着るようになり、苦難に耐える訓練を始めたと伝えている。しかし、野営中の軍人のように地面の上で寝るのは体に悪いと母親から諭され、動物の皮革を敷き詰めた長椅子の上で寝ることで妥協している。

ディオグネトゥスは他のギリシア式鍛錬法（アゴーゲ）も教えてくれたとマルクスは書いているが、具体的な記述はない。そのいくつかは推測できる。キュニコス派たちは、安物の黒パン、レンズ豆、ハウチワ豆の種子を食べ、主に水を飲んでいた。エピクテトスの師であるムソニウス・ルフスによれば、ストア派も同じように、用意するのが簡単で健康的な食事をつくり、心を込めて、ほどほどに食べることを常としていた。キュニコス派は暑さや寒さに耐える訓練も行なった。キュニコス派のディオゲネスは、冬には裸になって凍った像を抱きしめ、夏には灼熱の太陽の下で熱い砂の上を転がって鍛錬したと言われている。この伝統はストア派にも受け継がれ、セネカは、年の初めに冷たい風呂に入ったり、テベレ川で泳いだりしたと書き残している。ストイシズムの影響を受けた現代人には、冷たいシャワーを浴びることが人気の鍛錬法になっている。フランスの学者ピエール・アドは、〝ギリシア式鍛錬法〟が悪名高い〝スパルタ式訓練〟を暗示しているとし、それがキュニコス派や一部のストア主義者が採用した厳格な生活様式に影響を与えたと述べている。

今の大学で教えられている「学術的哲学」は、机の上で理論的に追求するものに変わっている。しかし、古代世界の哲学は、最初から最後まで生き方のためにあった。彼らはライフスタイルだけでなく、身にまとうものでも判別できた。キュニコス派に倣って、ストア派もトライボンと呼ばれる外套を身につけていた。この粗末なマントのようなものは、染色されていない灰色がかった羊毛でつくられていることが多く、（ときに肩を出すようにして）体に巻きつけて着用した。また、ソクラテスやキュニコス派の人たちは裸足で歩くことを好んだ。このスタイルを引き継いだローマの哲学者たちを、懐古趣味で気取っていると見る人もいたようだ。マルクスも青年期にはこういった外套を着ていた。また、残された彫像からわかるように、当時のストア主義者の象徴であったやや長くて手入れの行き届いた髭を生やしていた。

繰り返しになるが、当時は第二次ソフィスト運動の絶頂期にあり、ハドリアヌスの宮廷では雄弁術がもてはやされていた。しかし、マルクスは逆方向へ引っ張られていったのである。それは、ギリシア哲学の率直さと誠実さが、修辞学の洗練と虚飾からマルクスをもぎ取っていくようでもあった。ディオグネトゥスは、哲学的な対話文を書いたり、哲学者の講演会に出席したりするよう勧めてもいる。15歳の頃に、マルクスはローマを訪れていた著名なストア哲学者であるカルケドンのアポロニオスの講義に出席している。アポロニオスはその後ギリシアに向かうが、アントニヌスによってすぐにローマに呼び戻されることになる。

アポロニオスは、ローマ時代のストア哲学者の中で最も影響力があったエピクテトスの教えをマルクスに紹介したに違いない。またその頃、かつてエピクテトスの学校に通って『語録』を勉強していた老人たちとマルクスの交遊も始まっている。エピクテトスの学校はローマからギリシアに移転して長い年月を経ていたし、エピクテトスはマルクスが少年だった頃に死んでいるので、二人が出会っていないことはほぼ間違いがない。しかし、『自省録』は、ソクラテスやクリュシッポスと並ぶ理想の哲学者としてエピクテトスの名を挙げ［7-19］、どの哲学者よりも多く彼の言葉を引用している。実際、マルクスは自分をエピクテトスの弟子だと見なすようになっていく。

ハドリアヌスには子供がいなかった。そのため、晩年になって健康状態が悪化し始めたときに後継者を養子として迎え入れることにした。誰もが驚いたことに、選ばれたのはルキウス・ケイオニウス・コンモドゥスという平凡な人物だった。彼はその後、ルキウス・アエリウス・カエサルと名乗り、ここから帝国の正式な継承者にカエサルの称号が与えられる伝統が始まっている。しかし、ルキウスは健康状態がすぐれず、1年余り後に亡くなってしまう。ハドリアヌスは16歳になっていたマルクスを後継者に指名したかったが、まだ若すぎると判断し、代わりにマルクスの叔母の夫であり、50代前半のティトゥス・アウレリウス・アントニヌスを選ぶことにした。アントニヌスには二人の娘がいたが、生き残った息子がいなかったため、後継者争いが生じる恐れも少なかった。ハドリアヌスは、アントニヌスがマルクスを養子に迎えることを条件にアントニヌスを自分の養子とし、マルクスを自分の孫にした。長期的な後継者計画の中でマルクスを帝位に直結させたのである。

西暦138年のこの養子縁組によって、マルクスはアントニヌスの家名を名乗り、マルクス・アウレリウス・アントニヌスになった。しかし、複雑な問題が残っていた。最初にカエサルの称号を得たルキウス・アエリウスが、やはりルキウスという名の息子を残していたのだ。そこで、アントニヌスは残されたルキウスも養子に迎え、マルクスの弟にした。ルキウスはのちにマルクスから共治帝に任命され、皇帝ルキウス・ウェルスとして知られるようになる（マルクスとルキウスの関係については第4章で触れる）。

宮廷への引っ越しを知った当初、マルクスはひどく狼狽《ろうばい》した。そして、気が進まない様子だった。家族が理由を尋ねると、宮廷生活における懸念事項をスラスラと並べ立てたという。しかし、皇帝になることを知ったその夜、マルクスは自分の腕と肩が象牙に変わっている夢を見た。その腕と肩を使えるかと夢の中で尋ねられたので、重い荷物を拾い上げたところ、自分がはるかに強くなっていることがわかった。夢の中で露出させていた肩は、キュニコス派やストア派の寒さに対する忍耐力を象徴していた。彼は、ストア派になることで、皇帝の役割を果たすために必要な強さとレジリエンスが得られることを夢の中で予見したと言われている。

アントニヌスの後継者として、マルクスは宮廷にいる知識人たち、すなわち帝国内で最も優れた修辞学者や哲学者たちと交わることになる。そこで、ハドリアヌスが知識人たちを相手に威張り散らす様子を観察していたに違いない。ハドリアヌスは歳を取るにつれて猜疑心を募らせるようになり、敵と疑った者への迫害をエスカレートさせていった。これはマルクスの価値観と完全に相反するものだった。マルクスは自分の治世になると、自分を嘲笑したり批判したりする政敵が罰を受けずにすむように取り計らった。そして、ハドリアヌスだったら問答無用で追放または斬首したであろう批判に丁寧に応えていった。マルクスは、自分の治世中は一人の元老院議員も処刑されることはないと公言していた。実際、帝国東部で起こった内戦で何人かの元老院議員から裏切られたときでさえ、この約束を守っている。真の強さは暴力や攻撃性にはなく、思いやりを示す能力にある――マルクスは固くそう信じていた。

晩年のハドリアヌスは暴君化していく。被害妄想が昂《こう》じた結果、大金を投じて友人を内偵しては、刈り取るように処刑していった。ハドリアヌスを激しく憎んだ元老院は、この皇帝が死ぬと、生前に行なった善政をも無効にしようとした。また、伝統になっていた神格化も中止しようとした。しかし、新たに皇帝になったアントニヌスが融和的な態度を取るよう元老院を諭し、神格化以外にも数々の栄誉がハドリアヌスに与えられることになった。さらに、ハドリアヌスによって死刑を宣告されていた人たちを助命したので、アントニヌスは慈悲を意味するピウスと呼ばれるようになる。『自省録』の中でマルクスは、ハドリアヌスについて何度か言及しているが、影響を受けた人物について記した第一巻には記述がない。一方、アントニヌスについては第一巻以外にも何箇所かで触れていて、理想の皇帝としてロールモデルにしていることを明らかにしている。存命中のハドリアヌスがこれを知ったら、間違いなく激怒したことだろう。

ローマ時代の歴史家たちは、ハドリアヌスとアントニヌスを多くの点で正反対の人物として描いている。『自省録』の中でマルクスがアントニヌスを称賛している記述のいくつかにも、ハドリアヌスに対する暗黙の批判として読めるところがある。アントニヌスは謙虚な人だった。皇帝の座に着いた後、宮中にいた人々から抵抗されながらも、宮廷の華やかさを最小限に抑えることで民衆から尊敬された。また、紫色のローブを着けず、市民と同じ服を着て訪問者を迎え入れた。彼は皇帝になる前と同じように生きることを心がけていた。温和かつ寛大な性格で知られ、元老院を含むどんな場所でも平易な言葉で話すことで有名だった。ハドリアヌスと違い、辛辣に意見されても自分を抑えて単に無視するだけだった。

ストア派は、自分たちが長年哲学を学び、また訓練することでやっと身につけるような徳を自然に備えている人がいることを認めている。マルクスによれば、アントニヌスこそその人だった。『自省録』の中で鮮やかに描かれているアントニヌスの資質は、マルクスがストア哲学を通じて身につけようとしたものだった。例えば、アントニヌスはよく考えた後に決定を下すと、堅忍不抜の精神をもってそれを実行した。他者からの称賛や承認に興味をもたず、その一方で他者からの意見に注意深く耳を傾けた。決断を急がず、自分が抱いた第一印象に疑問を投げかけることを好んだ。納得するまで辛抱強く検討した。哲学者を尊敬していたが、彼らが唱える教義のすべてに同意するわけではなかった。ペテン師を攻撃することはなかったが、取り込まれることもなかった〔1-17、6-30〕。言い換えれば、アントニヌスは常に理性とともにある人だった。虚栄心と無縁だったことが、理性に従って物事を明確に見ることを容易にしていた。ハドリアヌスと違って、常に〝正しくある〟必要がなかったのだ。

マルクスも知的な優劣を競うためではなく、人格を磨くためにギリシアの学問にかかわろうとした。とはいえ、貴族の子弟には、修辞学を学ぶことが半ば当然のように期待されていた。カエサルともなれば、修辞学を学んで雄弁かつ説得力のあるコミュニケーションが取れるようになることは義務のようなものだった。マルクスは当初、ヘロデス・アッティクスからギリシア語で修辞学を学んでいた（『自省録』がギリシア語で書かれているのはこれが理由だろう）が、アントニヌスの養子になったあとは、ラテン語修辞学の第一人者であるマルクス・コルネリウス・フロントが教師になった。フロントとマルクスは、フロントが166年か167年におそらく疫病で亡くなるまで親しく交わることになる。フロントは若い頃のマルクスの輝かしい印象を「彼（マルクス）は訓練を受ける前から徳のすべてにつながる資質を備えていた。思春期前は善人で、大人のトガを着る前には熟練の話し手になっていた」と書き残している。これは『自省録』の第一巻に引用されているものの、フロントが自分の人格に与えた影響についてマルクスはほとんど言及していない。仲がよかったにもかかわらず、フロントはマルクスのロールモデルにはならなかった。さらに、フロントはマルクスがストア派になることを思いとどまらせようとしていた。ストア哲学を学んでも皇帝に求められる雄弁さが得られないことと、その独特な教義に影響されてマルクスが誤った判断を下すようになることを心配していた。そして、たとえゼノンの知恵に達したとしても、哲学者の外套ではなく紫色のマントをはおる義務があると書いた手紙をマルクスに送っている。好むと好まざるとにかかわらず、〝紫色〟を優美にまとって雄弁に語ることで称賛される存在になれという意味だった。フロントの狙いはマルクスに皇帝の地位にふさわしい洗練された文化を身につけさせること、そして政治的な意味で秀でたスピーチライターや演説家になるよう訓練することにあった。しかしマルクスは、哲学者のような、それが難しければ市民の身なりをして率直に話すことを好んだ。若いカエサルにとって、修辞学と哲学の間で引き裂かれていくような難しい時期になったが、フロントの影響力は次第に弱まっていった。雄弁と知恵は別物だ。マルクスは、ソクラテスが語りプラトンが残した言葉、「哲学者が王になるか、王が哲学をやらない限り、国に不幸が止むことはない」を常に口にするようになったと言われている。

ハドリアヌスの死後まもなくして、アントニヌスがカルケドンのアポロニオスをローマに呼び戻している。マルクスは、教師としてのアポロニオスの技量に感銘を受けていた。しかし、最も感心したのはその人柄だった。ソフィストたちと違い、アポロニオスは知的能力を誇示することがなく、生徒たちと議論していても苛立つことがなかった。アポロニオスは、長い病気や自分の子供の死などに際しても平静を貫いていた。強い決意とともに行動し、結果がどうなろうと落ち着いてそれを受け止めるストア派のやり方（「留保つきの行動」と呼ばれる技術。217ページ参照）を実践していた。また、友人たちからの恩恵を、自分を卑下することも相手をことさら無視することもなく受け入れる姿をマルクスに示した（『自省録』1-8）。彼は「自然と調和して生きる」とはどういうことか、つまり、精神の指導的部分である理性に依存して生きるスタイルをマルクスに示したのである。そして、ストア哲学が皇帝という役割を果たす上での助けになるというインスピレーションをマルクスに与えた人物の一人だった。

ストア哲学には、怒り、恐怖、悲しみ、不健全な欲望といった心のトラブルに対処するためのセラピー（セラペイア、therapeia）が含まれている。それは、〝情念のための療法〟と呼ばれる古代の心理療法あるいは自己改善法のようなもので、情念や欲望から自由になった心の状態を示すアパテイア（apatheia）に達するための技術だ。マルクスにこのセラペイアを教えたのもアポロニオスだ。そして、セラペイアで最初に訓練するのが、心を治癒したり、どんな出来事に対しても平静でいられたりすることを可能にする言葉の用い方である。

ストア派の言葉の使い方の説明に移る前に、ストア派の感情理論について理解しておく必要がある。ある教師に関する奇妙な話が、このトピックへの最良のイントロダクションになるだろう。マルクス・アウレリウスの同時代人である文法学者アウルス・ゲッリウスが書いた逸話集『アッティカの夜』の中にある話だ。ゲッリウスがギリシアからイタリア南部に向かってイオニア海を旅していたときのこと。船の同乗者の一人にアテナイで講義してきた著名なストア派の教師がいた。それが誰かは書かれていないが、カルケドンのアポロニオスであった可能性は否定できない。

船が沖合に出ると激しい嵐に巻き込まれた。ゲッリウスは、ストア派の教師の顔がシーツのように白くなり、他の乗客と同じように不安そうな表情になっていることに気づいた。嵐は一晩中続き、乗客たちは泣き叫んだり自分の運命を嘆いたりしながら、船が沈没しないように水を汲み出すのに必死だった。ゲッリウスがその教師を見ると、今度は他の乗客と違って静かにやるべきことをやっていた。空と海が落ち着いた後、ゲッリウスはその哲学者に、最初は他の乗客と同じように怖がっていたのに、なぜその後は冷静でいられたのかと尋ねた。哲学者は誠実そうにゲッリウスを見つめて、「危機に直面して恐怖を感じても、その感情を短くする方法をストイシズムが教えてくれたからだ」と答えた。そして物入れから、今は失われたエピクテトスの『語録』の第五巻を取り出してゲッリウスに読むように勧めた。そこに書かれていた内容は、ゼノンやクリュシッポスの教えに忠実なものであったとゲッリウスは述べている。

エピクテトスが繰り返し生徒たちに教えていたことがある。それは、ストイシズムの創始者たちが、危機が迫っている状況を含めたすべての出来事に対する人間の反応を二段階に分けていたことだ。まず、海の上で嵐に遭遇したときのように、選択する余地がない外部由来の印象が心の中に押し入ってくる。エピクテトスは、これらの印象は恐ろしげな音――雷鳴、建物の倒壊、突然の叫び声など――が引き金になるときもあると言っている。ストア派の賢者でさえ、この種の突然の衝撃には心が動揺し、警戒して本能的に身を縮めることになる。この反応は、危機に対する誤った価値判断からくるものではなく、理性を迂回して生じる感情的な反射がもたらすものだ。これは、人間が人間以外の動物と共有している反応でもある。しかし、人間とそれ以外の動物には違いがある。危険を察知した動物は反射的に逃げ出すが、逃げた後はすぐに不安が和らぎ、何事もなかったかのように放牧に戻るとセネカは述べている。対照的に人間は、不安な気持ちを永続させることができる。最大の祝福である理性が、一方で最大の災いをもたらすものになるのである。

押し入ってきた印象に同意（シュンカタテシス、sunkatatheseis）するかしないかが、反応の第二段階になる。ストア派の賢者は、ここで他の大多数の人たちとは異なる反応の仕方をする。心に押し入ってきた印象によって生じた感情に身を任せることがないのだ。危機に直面したときに生じた不安などの感情に〝同意〟したり、その感情を確かめたりしてはいけないとエピクテトスは言う。むしろ、誤った道へ導くものだとしてそれを拒否し、自分の力が及ばない〝善悪無差別〟なものとして眺め、手放す。対照的に、普通の人たちは押し入ってきた印象——恐ろしい出来事や不安にさせる出来事など——に心を奪われ夢中になる。脅威に対する不安を募らせ、生じた感情を反芻《はんすう》し、不平を言い続けるだろう。『怒りについて』の中でセネカは、ストア派の感情モデルを三段階に分けてより詳しく説明している。

第一段階：思考や感情を含む最初の印象（プロパセイアイ、propatheiai）が心に押し入ってくる。例えば、「船が沈んでいる」という印象は、ごく自然に不安を呼び起こす。

第二段階：ゲッリウスと同じ船に乗っていた人たちのように、大多数は最初の印象に〝同意〟して身を任せる。さらに、価値判断をそこに加えて、「ひどい死に方をするかもしれない！」といった破局的な考えにつなげることもある。一方、物語の中の哲学教師のように、ストア派は最初の印象への〝同意〟を保留し、そこから一歩後退する。そうするために、「これは単なる印象だ。実際にはそこまでひどいことは起こっていない」、あるいは「私を動揺させたのは印象ではない。印象に対する私の判断だ」といった言葉を自分に言い聞かせる。船は沈んでいるかもしれないが、陸に辿り着けるかもしれない。そうならないとしても、パニックになって事態が好転することはない。ここで大切なのは、落ち着くことと、勇気を持ってこの事態に対処することである。

第三段階：本当に悪い状況だ、あるいは破局的だという印象が心から離れず〝同意〟したままだと、それが本格的な〝情念〟に変わって制御不能に陥っていく。航海中にやはり嵐にあったセネカにそれが起こった。船酔いしてパニックになったセネカは、船に乗っていた方がはるかに安全だったのに、船を捨て、波をかき分け、岩をよじ登って上陸しようとしたのである。

［『道徳書簡集』］

言い換えれば、不安になることは避けられないし自然なことだ。ベテランの船乗りであっても、船が転覆しそうになったら口から心臓が飛び出そうになるだろう。こういった状況と遭遇しても合理的に対処し続けられるのが、徳の一つである「勇気」だ。状況が恐ろしそうでも、そこでどう反応するかの選択こそが最も大切だとストア派は自分に言い聞かせる。避けられないものとして最初の印象であるプロパセイアイを受け入れた後は〝善悪無差別〟なものとして嵐を眺め、知恵と勇気を使ってこの事態にどう対処するかを考える。彼がやらないのは、心配し続けることで自ら事態を悪化させてしまうことだ。

そのため、顔色が白くなり不安な表情がよぎった後、ストア哲学者の心は自然と和らぎ、落ち着きを取り戻していく。プロパセイアイを再評価して、それが事実そのものではないこと、状況を好転させる上で役立たないものであることを確信する。プロパセイアイに捉われ、それを恐れ続ける者は、反対に苦痛を長引かせることになる。ゲッリウスは、生き残りを賭けた危険な状況では、ストア派であってもしばらくは顔面蒼白になることを学んだ。それは自然なことなのだ。最初の印象に巻き込まれ、ひどい大惨事が起こりそうだと自分に言い聞かせて苦痛をエスカレートさせなければいいことだ。

肉体的な痛み、病気、友人や子供との死別、敗戦による荒廃などの不幸に襲われても、賢者は無力化しないとセネカは指摘する［『賢者の恒心について』］。不幸が噛みついてきても、食べられなければいいだけのことだ。セネカは、節制や勇気と無感情が違うことも指摘している。徳としての節制を示すときは、放棄すべき〝欲求〟の痕跡があるし、徳としての勇気を示すときは、耐えるべき最初の恐怖心がある。ストア派が好んで言うように、賢者も石や鉄ではなく、血と肉でできているのである。

『自省録』の中にはマルクスが、情念につながる印象に対して「去れ！」と命じる記述がある。しかし、そういった印象は他の動物にも生じる「古い習慣」からくるものなので、怒りを感じることはないとしている［7-17］。嵐に翻弄された船にゲッリウスと乗り合わせたストア派の教師のように、マルクスも最初の印象を悪いものと判断せず、無関心に眺めていたことが窺える。この点は重要だ。なぜなら大文字から始まる「ストイシズム」と小文字から始まる「ストイシズム」を混同している人は、不安などの感情を悪いものとか有害なもの、恥ずべきものと見なして抑制するのが「ストイシズム」だと考えているからだ。そうすることは心理学的に不健康なだけでなく、ストア哲学ともまったく矛盾している。ストア哲学が教えているのは、無意識的に起こる閃光のような最初の反応を、〝善い〟も〝悪い〟もなく受け入れることだ。言い換えれば、大切なのは、どう感じるかではなく、生じた感情に対してどう反応するかである。

マルクスは、ユニウス・ルスティクスが主な家庭教師になるまで、ストア哲学に全面的に傾倒していたわけではないと言われている。そのとき過去を振り返って、それまでソフィストの呪文に完全に取り込まれたり、読書に耽溺《たんでき》したり、物理学や宇宙論に魅了されたりせずにすんだこと、むしろ、ストア派の倫理観とその日常生活への応用に焦点を当ててこられたことに感謝している。皇帝らしい装いをしてそれらしい話し方をするようにフロントはマルクスに勧めたが、ルスティクスは逆を勧めた。カエサル然と歩き回るのではなく、身分的な見栄を捨てて、可能なかぎりドレスダウンするよう指導したのだ。アントニヌスの例があるものの、これはマルクスのような地位にいるローマ人には異例のスタイルだった。付け足しになるが、マルクスが実際にそうしていたことを裏付ける小像を大英博物館で見ることができる。たぶん、晩年にエジプトを訪れていたときの姿であるが、そこに彫られているマルクスは、皇帝としてのそれではなく一般市民のような服装をしているのだ。

修辞学を捨てきれずにいたマルクスを、それに惑わされてはいけない、言葉を弄して高潔な人物を演じてはいけないと説得したのはルスティクスだった。そして、誇張したり、詩的にしたり、飾り立てたりする言葉を避け、地に足がついたストア派的な話し方をするようマルクスを厳しく指導した。言い換えれば、マルクスは修辞学からストア哲学へと完全に転向したのであり、このことが彼の人生にとって決定的な転換点になった。しかし、なぜ言葉の使い方を変えることが変革をもたらすのか？　現実を見栄えよくしようとするのが修辞学であるのに対し、現実をありのままに把握しようとするのが哲学だからだ。本格的なストア哲学者に変貌を遂げたことで、マルクスの基本的な価値観が変わった。ストア派が言う「賢明な話し方」が簡単なことではないことも理解していった。それを実践するには、勇気、節制、哲学的真理への誠実な取り組みが必要になる。これから説明していくが、この方向への転換は、話し方だけでなく、出来事に対するまったく新しい取り組み方へとつながっていく。

ストア哲学における言葉の使い方

マルクスは子供の頃から率直に話すことで知られていました。また、学んだことを示すのが好きだったハドリアヌスと違い、哲学を簡潔で慎み深いものだと考えていたので、自惚れとか見栄に惑わされないように心がけていました。そうするために、「常に近道を行け」と自分に言い聞かせています〔『自省録』9-29、4-51〕。最短距離を探せば、健全な言葉と行動につながっていき、それが自然な道を行くことになります。また、見せかけがもたらすトラブルに巻き込まれることもなくなります。言葉を率直に使うには、2つのものが必要になります。簡潔さと客観性です。これを、訴えないことだと言ったら単純化しすぎでしょうが、多くの場合、ストア派はその線に沿ってアドバイスしています。他人に向かってであれ自分に向かってであれ、強い価値判断をともなう言葉を使い始めたときに感情が呼び起こされて昂《たかぶ》ってきます。外的な事柄に「善い」とか「悪い」といった価値判断を割り当てると、理性を忘れた行動につながり、自己欺瞞さえ示し始めるとストア派は教えています。例えば何かを「破局的な出来事だ」と言うとき、それはありのままの事実を超えていきます。目の前にある出来事を歪めて、自分を欺き始めるのです。

それでは、ストア派はどのような言葉の使い方をしていたのでしょうか？　ゼノンは、雄弁になろうとしないこと、真実を明確かつ簡潔に表現することで、聞き手と知恵を共有する手段にすることだと言っています。ストア派が定めた話し方における5つの「美徳」を、ディオゲネス・ラエルティオスの『哲学者列伝』が紹介しています。

1　正しい文法、優れた語彙
2　話している内容を容易に理解できる表現の明瞭さ
3　必要以上に言葉を使わない簡潔さ
4　話す主題と聞き手に適したスタイル
5　話す技術の卓越性、下品にならないようにすること

簡潔さという顕著な例外があるものの、伝統的な修辞学とストア派のそれは価値基準のほとんどを共有しています。ところが両者は完全に逆のものだと見なされていました。感情に訴えるレトリックを使って他者を説得しようとするのがソフィストです。一方、ストア派は感情に訴えるレトリックとか強い価値判断をともなう言葉を意識的に使わないようにしていました。そうすれば、相手の理性に働きかけることができ、知恵の共有が可能になるからです。私たちは通常、他人を動かしたいとき、悪く言えば他人を操縦したいときにレトリックを用います。しかし、自分相手に何かを話したり考えたりするときにもそのレトリックを使っていることに気づいていません。ストア派も、自分の言葉が他人にどんな影響を及ぼすかに興味を持っていました。しかし、言葉の選択を通じて、自分が自分に影響を与えたり、自分の考えや感情を変えたりすることの方をもっと重要視していました。私たちは強い言葉やカラフルな比喩を使う

ことを好みます。「雌犬みたいな女だ！」、「あのろくでなし野郎が私を怒らせた！」、「この仕事はクソだ！」。一見、怒りなどの情念が感嘆符付きのこういった言い方を生み出しているように思えます。しかし実際は、その言い方が情念を生み出したり、その情念を悪化させたり長引かせたりしていないでしょうか？　誇張したり、過度に一般化したり、情報を省略したりするレトリックには、強い感情を呼び起こす力があります。そのためストア派は、出来事をできるだけ簡潔かつ客観的に表現することで、レトリックによる感情効果が生じないよう心がけたのです。また、この考え方が怒りなどの不健全な感情を癒す古代ストア派の心理療法の土台を成しています。

ストア派によるこの言葉の用い方は、反レトリックの実践と見なすことができます。出来事に価値判断を加えず、誤解を招くような言葉や装飾的な言葉、感情的な言葉を交えずに、事実を冷静に表現しようとしたのです。マルクスも飾り立てない言葉ではっきり話すようにしていました。彼は、人生で出遭う出来事を合理的に吟味し、本質的な特質まで裸にして現実的に見る能力ほど精神を偉大にするものはないとさえ言っています〔『自省録』3－5、3－11〕。エピクテトスの『語録』の中に、友人から人格を疑問視されたストア派ではないと思われる哲学者が不満をぶつけるくだりがあります。「我慢できない！　君は僕を殺そうとしている。僕をあのエピクテトスに変えようとしている！」とエピクテトスを指差しながら叫んだのです。それは芝居がかった意志表示であり、感情的なレトリックの爆発でした。実際には、誰もこの哲学者を殺そうとはしていません。ただ彼の人格について意見しただけなのです。また、もし彼がエピクテトスだったら、興奮することなく、事実に即して「君は私を批判したね。まあ、お好きなように」とでも言ったはずです。皮肉なことに、何を言われようと意に介することも気分を害することもないのがエピクテトスでした。彼にとっての善と悪が、こういった外の世界にはなく、自分の意志の中にしかなかったからです。

私たちが出来事について話したり考えたりするスタイルには、私たちの感情を形づくる価値判断が含まれています。シェイクスピアの『ハムレット』にも「物事に善いも悪いもない。考え方によって、善くも悪くもなる」という一節が出てきます。ストア派は一歩進んで、外にあるものすべてを〝善悪無差別〟に分類し、価値判断することなく客観的に把握しようとします。この外の世界との接し方を、「価値判断を下す前の最初の印象に留まること」と表現することもあります。エピクテトスは多くの例を挙げています。例えば、遭難して船を失ったときは、「船を失った」とだけ言い、「なぜ私が？　ひどすぎる」と不平を言わないようにします。知り合いが監獄送りになったら、「知り合いが監獄送りになった」と事実だけを言い、恐ろしいことだとか、ゼウスがその人を不当に罰しているなどと文句を言うべきではないとします。烏の行水をした人には、きれいに洗っていないことをほのめかしたりせず、「入浴の仕方が早いね」と言うだけです。ワインをたくさん飲んだ人には、何か背徳的なことをしたと言ってはいけません。彼はワインをたくさん飲んだだけです。マルクスも、エピクテトスに倣って、侮辱されたら事実に即して「彼が私を侮辱した」とだけ言い、そこに自分が害されたという価値判断を加えなければ何事も起こらなかったことになると書いています〔『自省録』8-49〕。逆に出来事に固執して、そこから何かを引き出そうとすると、怒りや不安などたくさんの代価を払うことになります。

ゼノンは、ありのままの事実から価値判断を分離して出来事を客観的に見るストア派独自の捉え方をパンタシアー（phantasia）・カタレープティケー（kataleptike）という用語にしました。パンタシアーは、〝心像〟あるいは〝表象〟と訳され、心に現れてくるすべてを指します。また、カタレープティケーは把握することを意味します。つまり、心がキャッチしたパンタシアーを〝握る〟ことで、情念へ流されるのを防ぐ印象の処理法を指しています。思考を事実に固定するためのものとも言えます。ゼノンは、こぶしを握り締めるジェスチャーを使ってこの概念の象徴としました――現代でも、出来事をありのままに見る人を「現実をしっかり把握している」と表現します。ピエール・アドは、パンタシアー・カタレープティケーを〝客観的説明〟と訳しています〔参考文献18〕。ストア派の考え方を実生活に応用したい人は、以上を参考にして、出来事を客観的に、また感情的にならない言葉で説明するところから始めてください。

エピクテトスは〝偽り〟の印象や動揺とともに心が流されなければ、最初に知覚した客観的な心像に基づいたままでいられると生徒たちに教えています〔『提要』〕。

出来事そのものに留まることができれば、不安が軽くなることもあります。認知療法の世界では、最悪のシナリオにこだわることを〝破局視〟と呼ぶようになっています。〝破局視〟は、クライアントが外の出来事に自分の価値観をどのように投影しているかを理解してもらうために使う用語です。私たちが「もう終わりだ」と言うとき、実際に起こっているのは〝終わり〟でも〝破局〟でもありません。出来事をその人が〝破局視〟しているだけです。それがクライアントが実際に行なっている活動であることを自覚してもらいます。〝破局視〟は、現実に修辞学的誇張を加えることでもあります。簡単に言えば、話を大げさにしています。仕事を失うことは本質的な意味で〝破局〟ではありません。しかし〝破局視〟すると、それがどれほど悪いことであるか受動的に認識するところで終わりません。私たちの思考は、積極的にそれを〝破局〟に変えていきます。価値判断を加えることで、現実を吹き飛ばして心の中で〝破局〟を体験することになるのです。

認知行動療法では、自分を苦しめる〝破局的な〟価値判断をしているのがまさに自分であるという当事者意識を〝認識〟する手助けをします。古代のストア派の教師と同じように、出来事を現実に即した客観的な言葉で説明してもらうことでこれを行ないます。

不安を誘発する状況認識を、平凡で恐ろしくないものに格下げする作業が〝脱破局視化〟です。例えば、認知療法の創設者であるアーロン・T・ベックは、クライアントに「脱破局視化するための台本」を書かせました。苦しみを生み出している出来事を、強い価値判断とか感情的な言葉を使わずに記述する作業です。例えば、「仕事を失った。できることは何もない。もう終わりだ……」と頭の中で堂々巡りさせるのではなく、「仕事を失った。今、次に何をやるかを考えている」といった具合に書き記していきます。何かに悩んでいるとき、自分に対しても他人に対してもその状況を誇張し、鮮やかで感情的な言葉を使って説明する傾向がないでしょうか？ 〝脱破局視化〟は、悪いことが起こる可能性や深刻度を再評価し、事実を現実的な言葉で組み立て直す作業でもあります。ベックはクライアントに「それはあなたが考えているほどひどいことになるだろうか？」と問いかけました。〝破局視〟には「最悪のシナリオが起こったらどうなる？ 私には耐えられない」といった感じの「～が起こったらどうなる？」という考えが含まれています。〝脱破局視化〟は、「～が起こったらどうなる？」から「だから何？」へと進んでいくことです。あれとあれが起こるかもしれない。でも、だから何だと言うのか？ この世が終わるわけでもない。だから対処できる。思考をそう進めていくことです。「それからどうなりますか？」とクライアントに繰り返し問いかけてシーンを先送りする〝脱破局視化〟も一般的です。恐れているイメージは、最悪のポイント、つまり最も不安を煽る事態へと急速にエスカレートし、そこに固定されます。その事態が永遠に続くようにも思えます。しかし実際には、すべての出来事に「前」と「最中」と「後」の三段階があります。状況は時間とともに変化し、経験が、来ては去っていきます。多くの場合、最悪のポイントを過ぎた直後へイメージを移動させ、それに続く数時間、数日、数週間、数か月の間に何が起こるかを客観的に考えるだけで不安を減らすことができます。もちろん、破局視的な言葉を使わずに行ないます。具体的には、「現実的に考えて、次に起こる可能性が高いのは何か？　それから何が？さらにその次には？」と自問自答していきます。このように出来事の一過性を思い出すことは、マルクスお気に入りの戦略の一つでもありました。

不安に対するベックのアプローチは、リチャード・ラザルスが開発したストレスのトランスアクショナル（相互作用的）モデルから派生しています［参考文献4］。シーソーを想像してください。一方に、状況の深刻さについての評価――それが自分にとってどれほど深刻だったり危機的だったりするか――を載せます。そしてもう一方には、その状況に対処できる自分の能力や自信についての評価を載せます。脅威が対処能力を上回り、シーソーが脅威の方に傾いていくとストレスや不安を感じるでしょう。一方、脅威の深刻度の方が軽くて自分の対処能力の方が重いと、シーソーが自分側に傾いて気持ちが落ち着くとともに自信を持つことができるはずです。

現代の認知療法と同じように、古代のストア派も、この方程式（シーソー）の両側を修正しようとしました。シーソーの一方の側にある「恐れている状況」を現実的かつ客観的に説明して軽くすると、その状況を扱えるかもしれない、乗り越えられるかもしれないという気持ちが生まれます。次に、シーソーの反対側にある「対処し乗り越える方法」を検討して重くします。創造的な問題解決――代わりになる解決法をブレインストーミングした結果など――をシーソーに加えてもいいでしょう。ストア派は、「自然が私に与えてくれた徳や能力の中で、この状況を改善するのに役立つものは何か」と自問することを好みました。さらに、他の人がどう対処するかを検討して、彼らの態度や行動をモデル化することもできます。ソクラテス、ディオゲネス、ゼノンのようなロールモデルならどうするでしょうか？「マルクスならどうするか？」と自問してもいいでしょう。認知療法の現場では、他の人の行動をモデル化し、自分が恐れている状況がそのロールモデルに起こったときにどうするかを想像する「対処プラン」を作成します。他の人ならどうするか、あるいは、どうするようあなたにアドバイスしてくれるかを考えると、対処プラン立案の助けになります。そして、陥っている状況を〝脱破局視化〟し、深刻さの評価を下げることにつながります。つまり、「完全にお手上げだ」から、その出来事に耐え、対処するための現実的な方法を描く余裕が生まれます。その対処プランがより具体的になって、その実行に自信が持てるようになればなるほど、不安が軽くなっていくでしょう。

ストア哲学者は、感情的に苦しんでいる友人に慰めの手紙を書くことがありました。置かれている状況を破局視するのではなく建設的に見てもらうためです。セネカが書いた6通の手紙は、今も読むことができます。例えば、息子を亡くしたばかりのマルシアという女性に、死が人生におけるあらゆる苦痛からの解放であること、生まれる前と同じ安らかな状態への帰還であること、また、生と死を隔てる壁の向こう側にはこの世界の苦しみが届かないことを綴った手紙を送っています。エピクテトスは、ストア派の一人であるパコニウス・アグリッピヌスが、苦難に見舞われると自分に向けて同様の手紙を書いたことを生徒たちに教えています。アグリッピヌスは、熱病、誹謗中傷、追放などの苦難が降りかかってくると、それらの出来事を、自分の人格を鍛錬するためのエクササイズだと捉えました。そして、そのエクササイズを称える「賛辞」を書き、自分で読んだのです。アグリッピヌスは〝脱破局視化〟の達人でした。あらゆる苦難を、知恵と人格の強さを鍛える機会に変えていました。ある日、アグリッピヌスが友人と食事の準備をしていると、ネロ帝による粛清の一環として、アグリッピヌスをローマから追放する旨を告げる使者が訪ねてきました。アグリッピヌスは財産が没収されないことを確かめた後、「そりゃいいね」と言い、「アリシアでのランチに変わったよ」と肩をすくめたと言います。アリシアは、国外追放の旅で最初に立ち寄るローマ郊外にある町の名前です。

私たちも、心配している、あるいは問題だと思われる出来事を、感情や価値判断する言葉を使わずに率直に書き留めることで〝客観的説明〟のトレーニングを始めることができます。置かれている状況を、可能なかぎり正確に書いた後、〝無関心〟にそれを眺めます。それができたら、アグリッピヌスのように、そこから一歩進んで前向きに事態を捉える方法を探してみましょう。どうしたらこの状況を、人格を強くし、賢く対処するためのエクササイズにできるでしょうか？　さらに、ロールモデルが同じ状況にどう対処するか、あるいは、その人があなたにどうアドバイスしてくれるかを考えます。その状況をボクシングジムでのスパーリングパートナーに見立て、対処能力とレジリエンスを強める機会として捉えると、モチベーションが高まります。「脱破局視化するための台本」は、状況に対する感じ方が変わるまで声に出して何度も読んで練り直したり、満足できるまでいくつかのバージョンをつくったりします。

マルクスは、こういった状況の捉え方を「外的な事柄からの価値判断の分離」と呼びました。認知行動療法の現場でも「私たちを動揺させるのはその出来事ではなく、その出来事に対する私たちの判断だ」というエピクテトスの言葉をクライアントに教え、考えてもらうようにしてきました。こう認識してもらうことが何十年にも渡って、治療を始めるにあたって不可欠な前提条件になっているのです。この種の技術をＣＢＴでは〝認知距離〟と呼んでいます。現実とそれを捉える私たちの思考との間にある距離、あるいは両者が分離している事実を認識してもらう必要があるからです。ベックはそれを〝メタ認知〟プロセスと定義しました。それは、

「自分が考えていることについて考える」意識レベルへ移行することを指しています。

「距離の確保」とは、自分の思考（または信念）を〝現実〟そのものとしてではなく、自分が解釈した〝現実〟として見ることを指す。

［参考文献2］

「距離の確保」を説明するとき、ベックは色付きメガネのたとえを用いました。それは、私たちが世界を、陽気な気分になるバラ色のメガネや、悲しみを感じる青色のメガネをかけて見ているとするものです。私たちは、その色付きメガネを通した世界を現実と見なすことができます。しかし、メガネの色に気づいて、かけているメガネが世界を色付けしている事実を認識することもできます。自分の思考や信念が世界に対する自分の認識をどう染めているか――そこに気づくことが、世界に対する見方を変えるための第一歩になります。この認知距離の取り方を繰り返し指導するだけで、心理的症状の多くに治癒的改善がもたらされることが明らかになっています。

場合によっては、「私を動揺させているのはこの出来事自体ではない」というエピクテトスの言葉を思い出すだけで、自分の思考から認知距離を取ることができます。そして、今、自分が入り込んでいる世界を、現実ではなく仮説として捉えられるようになります。ＣＢＴでは、認知距離を取るために以下のような技術も使っています。

- 自分を動揺させる思考が生じたときに、紙の上にその内容を簡潔に書き出して眺める
- 問題をホワイトボードに書いて〝遠くから〟眺める——文字通り、距離をとって
- 「今、そう考えていることを認識している」といった言葉をはさんでから思考を展開する
- 他人の思考や信念を研究しているように、第三者的に自分の思考を表現する。例えば〝ドナルドは今こう考えているようだ〟といった感じで
- ある意見を保ち続けることの利点と欠点を第三者的に評価する
- カウンターや集計表を使って、ある思考の頻度がどの程度か好奇心を持って集計する
- 最初の視点が固定化しないよう、同じ状況を別の視点から考えてみる。例えば、「クルマをぶつけたこの状況をマルクスならどう考えるだろうか?」「私の娘がぶつけたら、どう対処するよう勧めるか?」「10年後、20年後にこの出来事を振り返ったら、どう思うだろうか?」といった感じで

古代のストア派の文献にも認知距離を取る方法が書かれています。エピクテトスも「お前はただの感情だ。躍起になって主張しているものとは違う」と、自分の思考や感情に語りかける

ことで認知距離が生まれると生徒たちに教えています。

エピクテトスの『提要』は、〝私たち次第のもの〟つまり私たちがコントロールできるものと、〝私たち次第ではないもの〟つまり私たちがコントロールできないものがあることについて思い出す技術の説明から始まっています。

現代のストア派はこの区別を〝コントロールの二分法〟と呼ぶことがあります。この区別を思い出すだけでも、コントロール不可である外的な事柄に対する無関心さを呼び戻すことができます。何かの善悪を強く判断しているとき、私たちはそれを手に入れたい、または避けたい気持ちを表明しています。しかし、その何かが自分でコントロールできないものだとしたら、それを手に入れようとしたり避けようとしたりすることは単純に不合理な話になります。「そうすべきだ」と「そうする力を自分は持っていない（自分次第ではない）」の両方を信じることは矛盾します。ストア派は、この混乱をほとんどの感情的な苦しみの根本原因だと見なしていました。そして、自分の意志の力による行動、つまり、自分の意図と判断だけがコントロールできると指摘しました。私はドアを開けることができます。しかし、それはそう行動しようと私が決めた結果です。自発的な行動だけが、私のコントロール下にあります。外部にある事柄を善いか悪いか判断するのは、それらをコントロールできないことを忘れて、〝自分次第である〟範囲を拡大しようとすることです。ストア派は自分の意志や行動だけを、善／悪、美徳／

悪徳の判断対象にします。それ以外のすべての外的な事柄は「自分次第」ではないので〝善悪無差別〟に分類し、無関心に眺める態度を身につけていきます。これまで説明してきた通り、ストア派も、病気よりも健康、貧困よりも富を選びますが、こういった外的な事柄に価値を置きすぎると自分を混乱に導くことを理解しているのです。

ストア派は、ある出来事がすべての人に同じように見えるわけではないこと、つまり、今の自分の視点が多くのうちの一つに過ぎないことを理解するためにも認知距離を取る訓練を行ないました。例えば、ほとんどの人は死を恐れますが、ソクラテスは恐れてはいませんでした。生きていることを好んでいたでしょうが、知恵や徳とともに迎えられるのであれば、死に対しては比較的無関心だったのです。これは「安楽死」という言葉の語源である「善き死」として知られるものです。しかし、ソクラテスにとっての「善き死」は、「安楽死」から連想する心地よい死とか平穏な死ではなく、知恵や徳とともにある死を意味していました。このように、死という特定の状況を誰もが破局視するわけではないことがわかれば、その〝ひどいこと〟が、出来事そのものではなく、私たち自身の考え方や価値判断、対応の仕方に由来することがわかります。その〝ひどいこと〟は物理的な属性を持ちません。アリストテレスは、火はギリシアでもペルシアでも同じように燃えるけれど、何が善いか悪いかの判断はところによって異なると言いました。マルクスは、私たちの意見を、物体を照らす太陽の光にたとえています。自分が下した価値判断が現実に投影することがわかれば、外部で起こっている出来事からその価値判断を切り離すことができます。彼は、この認知プロセスを精神の〝浄化（カタルシス、katharsis）〟と呼びました。それは、色付きのメガネをかけて世界を見ているとするベックのたとえに似ています。

この章では、マルクスが生家で学んだ率直さや平易な言葉遣いなどの価値観と、第二次ソフィスト運動や修辞家たちの価値観との衝突について見てきました。その結果、彼は、起こっている出来事から価値判断を切り離し、客観的に表現する言葉の用い方を受け入れていきました。どのような状況にあっても、このスタイルで現実を表現することが、ストア哲学を実践する上での基本になります。最初は扱いにくい概念かもしれませんが、エピクテトスの「私たちを動揺させるのは出来事ではなく、出来事に対する私たちの判断だ」に戻ることが指針になるでしょう。

修辞学から離れて、マルクスはストア哲学へと傾倒していきます。彼のメンターであるユニウス・ルスティクスが、より徹底的なストア哲学への転換へ、さらにそれを全面的に受け入れた生き方へとマルクスを導いていきます。次の章では、マルクスとルスティクスの関係を通し、メンターからの学びについて考えていきます。

第3章

賢者になって考える

自分の価値観に従う方法

若い頃、たびたび癇癪を起こしていた時期がマルクスにはあり、どうすればそうせずにすむか悩んでいた。後年、怒りによって後悔することになるような間違いを犯さなかったことを神々に感謝している。ハドリアヌス帝の短気がもたらす被害を見聞きしていたからだ。癇癪を起こしたハドリアヌスが、鉄の尖筆で奴隷の目を突き刺したことがある。正気を取り戻したハドリアヌスが、そのかわいそうな奴隷に何か償いができないかと申し訳なさそうに尋ねると、「目を返してください」という答えしか返ってこなかった〔ガレノス『魂の情熱、その診断と治療について』〕。

ハドリアヌスの後継者であるアントニヌスは、情緒が安定していることで有名だった。『自省録』の第一巻で、マルクスは養父の徳について何度も言及し、自身をアントニヌスの弟子であるとまで言っている。しかし、ハドリアヌスの徳については一切触れていない。アントニヌスを理想的な統治者のモデルとマルクスが見なしていたのは明らかであり、彼のようになろうと、アントニヌスの死から十数年経った後も養父を内省の対象にし続けた。

怒りは一時的な狂気に過ぎない。しかし、奴隷の目の例のように、しばしば取り返しがつかない結果を招く。マルクスは、傲慢で激しやすいハドリアヌスではなく、謙虚で平和的なアントニヌスになりたいと願ったが、それには助けが必要だった。マルクスは、皮肉なことに、自分を最も頻繁に怒らせた人物が、怒りを制御する技術を教えてくれたと述懐している。メンターであったユニウス・ルスティクスのことを指している。第7章で詳しく説明するが、ストア哲学にはアンガーマネジメント技術がいくつか含まれている。例えば、感情が自然に収まるのを待って、同じ状況に置かれた賢明な人だったらどうするかを冷静に考える。マルクスは、無礼を働かれても、無礼を働いた本人が償う気持ちになったらすぐに和解するスタイルをルスティクスから学んでいる。おそらくこれは怒ったマルクスが無礼な態度を取ったときのルスティクスの振る舞い方であり、マルクスが身につけた優雅な対応の手本になっている。

アポロニオスは熟練の哲学講師だったが、ルスティクスは講師に留まらずメンターとしてマルクスに接した。ルスティクスはマルクスよりおよそ20歳年上で、執政官になるほどの政治家でもあった。彼は、元老院議員でストア哲学の熱心な信奉者だったアルレヌス・ルスティクスの孫だ。アルレヌスはエピクテトスの政治的英雄だったトラセアの友人で、トラセアを擁護する文章を書いたことで処刑されることになる気骨ある人だった。孫のルスティクスも公私ともに高い評価を得ていて、マルクスへの忠誠心も高かった。修辞学者フロントは、ルスティクスを「マルクスの小指を守るためなら喜んで自分の命を捧げるだろう」とソフィストらしい誇張表現を使って評している。マルクスの方でも自分をルスティクスの弟子と見なすようになっていき、それは皇帝になった後も続いた。例えば、宮廷に政治家たちが訪ねてきたときは、最初に近衛長官にキスをして挨拶するのが皇帝の慣わしだった。しかし、そこにルスティクスがいると、この慣例を破って最初にルスティクスにキスをした。それは兄弟へ挨拶するようだったという。マルクスのこの振る舞いで、宮廷において哲学者が特別な位置にあることが誰の目にも明らかになった。マルクスにとって、皇帝としてのロールモデルがアントニヌスだとしたら、ルスティクスはストア哲学者として追求すべきロールモデルだった。自分にとっては哲学が母であり、宮廷は継母に過ぎないとマルクスは述べているので〔『自省録』6-12〕、ルスティクスがどれほどの存在であったかが窺い知れる。

ルスティクスは個人的な書庫からエピクテトスの講義ノートをマルクスに貸している。このことが二人の関係をさらに深めた。マルクスが哲学者として成長していく上で、ルスティクスが中心的な役割を果たしたことは疑いの余地がない。

エピクテトスの哲学論議を書き写した『語録』は、エピクテトスの教え子であるアリアヌスが記録したもので、全8巻のうち4巻が現存している。アリアヌスは、エピクテトスの教えの実践面をまとめた『提要』も残している。アリアヌスは旺盛な著作家であり、ハドリアヌス治世下で、将軍、政治家としても優れた業績を残している。ハドリアヌスによって元老院議員に任命され、執政官になった後、重要な軍事ポストであるカッパドキアの属州総督を務めてもいる。アントニヌスの治世になるといったんアテナイに隠居したが、後に執政官として政界に復帰し、マルクスの治世が始まる頃に亡くなっている。

アリアヌスはルスティクスより10歳ほど年上だが、同じストア派として二人は知り合いだったと言われている。実際、4世紀のローマの哲学者であるテミスティオスは、ハドリアヌス、アントニヌス、マルクスが「アリアヌスとルスティクスを書物から引き離し、単にペンとインクに親しむ哲学者にさせないようにしていた」と二人を一緒にして語っている。皇帝たちは、アリアヌスとルスティクスに、安穏と家にこもって勇気について書かせたり、公の生活から遠ざけて法律論文をつくらせたり、政治に参加させないまま行政形態について考えさせたりはしなかった。ストア哲学の研究から「将軍として陣営へ、政治家として演説台へ」と招いたのである。将軍としても目覚ましい働きをした二人は、その軍事的功績を認められ、執政官に任命された後、帝国内にある大都市を統治し、元老院を取り仕切る立場になっていく。ストア哲学を政治や軍事に応用した人物がマルクス以前の世界に存在したことが、自分も皇帝であると同時に哲学者たりえるとマルクスに信じこませたのである。

ルスティクスは、マルクスの治世の前半期に彼の右腕となって働き、マルコマンニ戦争が始まった頃におそらく疫病によって亡くなっている。マルクスは彼の栄誉を称えて元老院にいくつかの像を建てさせ、個人的な祠堂《しどう》にルスティクスの小像を置いて生け贄を捧げている。しかし、ここに奇妙な疑問が残る。ルスティクスはどんなことをやって将来の皇帝をそこまで苛立たせたのだろうか？

その答えは、師弟としての二人の関係にある。マルクスは『自省録』の中で、最初に生徒にならなければ読み書きの先生にはなれない、生きる技術について言えばもっとそうだと書いている［11－29］。ストア学徒は、行動を模倣するモデルとして、さらに、アドバイスしてもらうメンターとして教師を手本とする。マルクスは、ストア哲学を生き方そのものにできることを自分に示してくれた人物としてカルケドンのアポロニオス、カイロネイアのセクストスとともにルスティクスの名を挙げている。ストア派の心理療法であるセラペイアをマルクスが必要としていることを見抜いたのはルスティクスだった。このことが、二人の間にあった緊張感の説明になるだろう。若いカエサルの人格的欠点をルスティクスが頻繁に指摘したことが、彼の苛立ちの原因になっていたと考えられるのである。

『自省録』の中にある文章から、マルクスの人格のどの部分をルスティクスが指摘したかを推測することができる。例えばルスティクスは、気取らないこと、慎重にかつ忍耐強く哲学を学ぶこと、書物をざっとではなく注意深く読むことのほかに、弁が立つ話し手の意見に左右されないようにとマルクスを諭している。エピクテトスも、ソフィストのように軽々しく哲学を語るのではなく、人格や行動の中で哲学の成果を示すべきだと生徒たちに繰り返し教えていた。羊は、草を吐き出して羊飼いにどれだけ食べたかを示すのではなく、草を内側で消化して、外側に質の良い羊毛とミルクをつくり出すことで示すものだというのが彼の持論だった〔『提要』〕。

ルスティクスは「弁が立つ話し手」からマルクスを引き剥がした。ローマ貴族に期待されている処世術としての修辞学を二の次にして、生き方としてのストア哲学を学ぶよう説得したのである。マルクスは10年近くストア哲学と修辞学を学んでいたが、最終的にストア哲学へと完全に軸足を移すことになる。この〝改心〟は、マルクスが25歳の頃に起こったと考えられている。ラテン語修辞学の学習に集中できなかったことを告白するフロントに宛てた手紙が残っているからだ。キオスのアリストによるものと考えられる哲学書を読んだことがきっかけになっている。アリストはゼノンの生徒だったが、その教えに反発し、シニシズムに似たシンプルでより厳格なストイシズムを採用していた。論理学や形而上学といった机上の学問を否定し、哲学者は人生において実践するための倫理学に身を入れるべきだと主張していた。

「彼の文章が、喜びとともに苦しみを私にもたらし、自分がどれほど徳に欠けた人間であるかを意識させるのです」とマルクスはフロントに訴えている。「この本を読みながら、あなたの弟子は何度も顔を赤らめ、自分に腹を立てています。なぜなら、25歳になっても、こういった優れた教えや純粋な原理を何ひとつ自分の魂に吸収できていないからです」と。若いカエサルは混乱していた。落ち込み、怒りを感じ、食欲を失っていた。彼はまた、他人への妬みにも言及している。おそらく、ストア哲学に専念している人たちがうらやましかったのだろう。フロントやアッティクスといったソフィストの教えから距離を置き始めたのはこの頃だった。

ストア派のメンターによる指導は、実際にはどのようなものだったのだろうか？　なぜそれがマルクスの心の核心を突き、さらに永続的な影響を与えたのだろうか？　ストア派は情念に対する心理療法についても著している。その中には、ストア派の三代目学頭であるクリュシッポスによるまさに『The Therapeutics』と題された本も含まれているが、これを含め心理療法に関する本はすべて失われている。しかし、マルクスの侍医だったガレノスの論文『魂の情熱、その診断と治療について』は今も読むことができる。折衷的な哲学趣味を持ち博識家でもあったガレノスは、ゼノンの言葉や初期のストア哲学者たちの考えを引用しながら、情念の診断法とその治療法について論を展開している。この論文が、ルスティクスがマルクスに施したストア派の心理療法についての手がかりを与えてくれるだろう。

若い頃、ガレノスはデルポイの神託所の門に掲げられていた「汝自身を知れ」という格言がなぜこれほど高く評価されているのか疑問に思っていた。誰もがすでに自分を知っているではないかと。しかし、彼は次第に、真に自分を知っている人がほとんどいないことを理解していく。ガレノスが観察したように、私たちの大部分は、自分には欠点がまったくないかほとんどない、あったとしてもたいしたものではないと思い込んでいる。しかし他人から見ると、欠点がないと思い込んでいる人ほど深刻な欠点を抱えている場合が多い。イソップの寓話の一つにこのことが描かれている。それは、私たち一人ひとりが二つの袋を首からぶら下げて生まれてくるという話だ。一方の袋には他人の欠点がいっぱい詰まっている。そして、体の前にあるのでよく見える。しかし、自分の欠点が詰まったもう一方は背中の後ろにあって見ることができない。言い換えれば、私たちは他人の欠点をはっきり見ることはできるのだが、自分の欠点は死角にあって見えないままでいる。新約聖書も「兄弟の目にあるちりを見ながら、自分の目にある梁を認めないのか」（マタイによる福音書・7章3‐5節）と問いかけている。ガレノスは、プラトンの言葉「恋人たちは、愛する人に対して盲目になる」が、このことをよく説明していると言う。私たちはある意味、自分を誰よりも愛している。そのため、自分の欠点について盲目になり、人生を改善するために欠かせない自己認識に至ることを難しくしているのだと。

知恵と経験を持ったメンターを見つけることができればこの問題は解決するとガレノスはア

ドバイスしている。音痴な人が歌っているときは誰でもわかるが、声の出し方の微妙な欠点を指摘できるのは専門家だけだ。同様に、人格のわずかな欠点を見分けるには、知恵を持った人の助けが必要になる。真っ赤な顔になって怒鳴り出したら、その人が怒っていることは誰にでもわかる。しかし、人間の本性に精通した人なら、本人すら気づかないうちに怒る寸前であることを見分けるだろう。したがって、自分が悩んでいる情念を同じように悩んだ末に克服し、その悪癖を見抜いて率直に教えてくれる、たぶん年上の人を探すことになる。その人なら、どこで道に迷っているかを指摘することができる。ガレノスが述べている内容は、現代におけるカウンセラーやセラピストとそのクライアントの関係のようにも聞こえてくる。もっとわかりやすい類似は、薬物やアルコールの中毒から回復しつつある患者が、首まで浸かっている中毒者に提供するメンタリングだ——セネカの言葉を借りれば、経験豊富な先輩患者の助けが必要になるということだ。もちろん、そういったメンターを見つけるのは、口で言うほど簡単なことではない。

マルクスも、ストア哲学を通して知恵を得たければ、同じような価値観を持つ人に助けを求めることが大切だと言う［『自省録』6-14］。それは、まるでルスティクスが彼のために果たした役割について言っているようでもある。ガレノスは、そういった人に思ったままを話しても気分を害さないことを保証した上で、自分の中にある不健全な感情について尋ねるべきだとする。

また、この訓練の初心者はメンターの観察が不当だと感じやすいので、辛抱強く耳を傾け、苛立つことなく批判を受け止める勇気が必要になるという。ルスティクスは比較的穏便にマルクスの欠点を指摘したようだが、それでも最初のうちはマルクスの怒りを誘うことがあったと思われる。

マルクスにはキンナ・カトゥルスという名のストア派の家庭教師もいた。カトゥルスは、友人たちから自分の人格について指摘されると、それがたとえ不当なものでも軽視せずに吟味し、その後、今までの友人関係を壊さない努力を意識的に行なっていた［『自省録』1-13］。ルスティクスとカトゥルスは、ストア学徒なら友人からの批判を歓迎しなければいけないことをマルクスに身をもって示していた。

ストア派は、率直にものを言うスタイルを、その前身であるキュニコス派から受け継いでいる。そのキュニコス派は、相手が支配者であろうと歯に衣着せずに批判することで有名だった。アレクサンドロス大王がキュニコス派のディオゲネスに興味を持ち、訪ねたときのエピソードが残っている。それは対極にある二人が向かい合った瞬間だった。アレクサンドロスは世界で最も強大な権力を持つ男で、一方のディオゲネスはキュニコス（犬）と呼ばれ、甕の中に住んで物乞いのような暮らしをしていたからだ。アレクサンドロスが君のために何かできることはないかとディオゲネスに尋ねると、目の前にいるアレクサンドロスが太陽の光を遮っていたので「横にずれてくれ」とディオゲネスは答えた。富や権力に無関心だったディオゲネスにとって、アレクサンドロスは何者でもなかった。権力に対してありのままを語ることは、真の哲学者にとって義務であり特権でもあった。ディオゲネスに光が当たるように体をずらし、アレクサンドロスは世界征服へと戻っていった。心とは何かを探求していた哲学者から、外の世界に夢中だった大王が何かを学ぶことはなかった。

キュニコス派と比べると、ストア派はもっと穏健だ。思ったままを率直に話すだけでなく、聞き手のニーズに合わせた適切な会話を心がけるべきだと考えていたからだ。聞き手に利益をもたらさなければ、率直に話す意味がなくなる。『自省録』も、真実を話すだけでなく、それを適切に伝える技術の重要性に言及している。例えば、マルクスの幼年期の家庭教師だった文法家、コテュアエイオンのアレクサンドロスは、言葉遣い、文法、表現などで誤りを犯した人々を巧妙な方法を用いて指導していた。あからさまに話し手を批判したり、話を遮ったり、その場で疑問を投げかけたりせず、別の話題に移ってから、会話の中に正確な表現法を滑り込ませるといった間接的な方法で話し手を導いたのだ［1-10］。話す目的が知恵の共有にあるとしたら、出し抜けに真実を語るだけでは十分ではない。この家庭教師のように、他者と効果的にコミュニケーションを取る技術を身につける努力が必要になる。

外交はマルクスにとって特に重要な仕事だった。カエサルとして、そして後には皇帝として、帝国の外にいる敵との和平交渉など、デリケートな課題を扱わなければならなかった。しかし、マルクスの個人的な書簡を読むと、彼が機転の利く人物であり、対立を解決する能力に長けていたことがわかる。フロントは、マルクスにはそこにいるすべての友人を協調させながら団結させる能力があると評している。そしてソフィストらしく、竪琴の音を使って獰猛な獣を魅了するオルフェウスの神秘的な力と比較しながらその能力を叙情的に称賛している。話している相手が誰であろうと、常に機転を利かせること、健全で妥当な表現を用いること——マルクスはその二点を自分に課し、辛抱強い交渉術と繊細な言葉遣いによって多くのトラブルを回避していった。元老院を相手にするときは、特に注意深くそうしていた［『自省録』8-30］。

生来のコミュニケーション能力に加え、マルクスはストア派の教師からも多くを学んでいる。例えば、カルケドンのアポロニオスは言葉を濁すことなく、自信と寛容の間でバランスを取る話し方をしていた。カイロネイアのセクストスも率直にものを言う人だったが、何も知らない人や自説を曲げない人にも忍耐強く接していた。反対意見を言う場合も、会話を巧みに工夫して、お世辞よりも魅力的なものにアレンジしていった。マルクスは、セクストスと話をした人たちが彼に尊敬の念を抱くことを見てとっていた。このように、ストア派がキュニコス派よりも礼儀作法や礼節をわきまえていたのは明らかだ。賢くコミュニケーションするには、適切な言い回しを使わなければならないことを理解していたのだ。ソクラテスの議論が魅力的だったのは、その最中に苛立つことがなかったからだとエピクテトスは言う。常に礼儀正しく、侮辱されても言い返すことを控えた。そして、罵声に耐えながら論争に合理的な終止符を打っていった。終始、穏やかな態度を崩さなかった。これがソクラテスの問答に際立っていた特徴なのである〔同1-9、5-28、『語録』〕。

マルクスの好ましくない言動を指摘するときのルスティクスは、時に挑発的で露骨なやり方をしたのだろう。しかしそこに、彼の若い生徒が屈辱を感じることなく学ぶことができる配慮があったことも推測できる。こういった技術を持つメンターはどうしたら見つかるだろうか？ガレノスは、アレクサンドロスにさえ率直に思いを伝えたディオゲネスのような人に出会う可能性は低いことを認めている。最初に必要なのは、自分への批判に対して心を開くことだ。理想的には、出会う人すべてに自分の欠点がどこにあるかを指摘する許可を与え、何を言われても腹を立てないようにする。マルクスは、すべての人の理性の中へと入っていき、価値判断の基準と価値観を学びたいと述べている。また、自分の理性の中にも入ってもらい、道を外れていることを納得させてくれるなら、その判断を変えたいと考えていた〔『自省録』8-61〕。真実によって害を受けることはないが、勘違いや無知の中に留まっていると自分を害することが明らかだからだ〔同6-21〕。この考え方はゼノンにさかのぼる。頼まなくても、人は隣人の欠点を指摘したがるものだと彼は言った。それに憤慨する代わりに、批判を人生の必然と捉えて歓迎すれば、すべての人を教師にできる。批判を、利益をもたらすものに変えることができるのだ。ガレノスは、もし知恵を学びたいなら「褒めてくれる人ではなく、叱責してくれる人に」感謝を示す準備ができていなければならないと述べている。

もちろん、すべての意見を信頼しなければならないという意味ではない。人の意見に慎重に耳を傾けるのは賢明なことだが、すべての意見を平等に尊重する必要はない。マルクスも、善いアドバイスと悪いアドバイスを区別し、愚かな人々の意見に心を奪われない訓練をしなければならないと考えていた。批判を歓迎し、偏見を持たずに受け入れていれば、善いアドバイスが見分けられるようになる。時には誤った批判から学ぶこともあるだろう。注意深くあれば、ルスティクスのような信頼できるメンターを探している間も、あらゆる人から学ぶことができるということだ。

メンターが見つかったら、心から正直になる必要がある。マルクスは、頭の中に浮かんだことはすべて口にしなさいと指示するメンターを想像している。人は、自分に関する自分の評価よりも他人の評価の方が気になるので、恥ずかしくてこれに耐えられる人は少ないだろうとしながらも、このレベルの透明性を目指そうとしていた。何の前触れもなく「あなたの心の中で、今、何が起こっているのか」と尋ねられても、恥じることなく正直に答えられるようになるべきだと考えていたのだ。また、キュニコス派に倣って壁やカーテンで隠さなければならないものを人生に持ち込まないようにしたいと述べているが、それは隠すものがなくなるほど純粋になりたいという思いの表れだろう。一方で、心理療法的な戦略についても暗示している。誰かに観察されていると想像するのだ。実際に誰かが傍にいると自己認識が深まり、行動を正すのに役立つ。メンターが傍にいる場合は特にそうなる。しかし、そこにルスティクスがいなくても、賢明な誰かに観察されていると想像するだけで同じような効果が得られるとマルクスは言う［『自省録』12-4、3-4、10-1、3-7］。

ガレノスも、自分を向上させたいなら気が緩まないようにすべきだと言う。そして、「すべてにおいて注意深く行動する必要がある――直後に教師に報告するかのように」とのゼノンの教えを紹介している。この姿勢はメンターとの関係を、現在で言うマインドフルネスの実践に変えるものになる。メンターから観察されていると想像していれば、自分の考えや行動に注意を向け続けることができる。ストア派の訓練では、ルスティクスのようなメンターから継続的に観察されているように、自分の思考、行動、感情を自ら監視しながら常に自己認識するようアドバイスされていたと思われる。「裸足で歩く人は、釘を踏んだり捻挫したりしないように気を配る。同じように、判断を誤ることで人格を傷つけないよう、一日中気をつけていなさい」とエピクテトスは生徒たちに説いている。現代的なセラピーの場でも、改善をみているクライアントは、先のセッションから次のセッションまでの間に今の心の状態を何と言おうか考えていることが多い。例えば、何かを心配しているときに、突然「その恐れが現実になる証拠はどこにありますか？」とか「そう心配することがどう影響している？」といった質問がセラピストから飛んでくることを想像するようになる。メンターやセラピストと会う回数が増えると、彼らが近くにいなくてもその存在を感じるようになるが、誰かが自分の考えや感情を観察しているとイメージするだけで、立ち止まって自己認識する機会ができる。メンターとの出会いが今までなかったとしても、メンターに見守られていると想像することはできる。『自省録』に親しんでいるとしたら、困難な状況に直面しているときにマルクスがメンターとして指導してくれていると想像してみるといい。彼がそばにいたら、あなたの振る舞いはどう変わるだろうか？　あなたの考えや感情、行動について、マルクスはどうコメントするだろうか？

もちろん、マルクス以外のメンターを選ぶこともできる。

『自省録』を書きながらマルクスもそうしていたのだろうと私は考えている。ルスティクスが亡くなった170年頃は、第一次マルコマンニ戦争の最中であり、マルクスは北部辺境で軍団を指揮していた。そして、彼がルスティクスの死とほぼ同時期に『自省録』執筆に着手した可能性を示唆する証拠がいくつか残されている。マルクスは、自分の考えに反対するだけでなく、死を願う人たちに囲まれていると書いているが、哲学的信念や価値観を共有できたルスティクスの死は大きな喪失だったに違いない。今日でも自分の感情や思考を書き出すセラピー・ジャヤーナリングを習慣化することが自助のためのエクササイズとして一般的なものになっている。メンターであったルスティクスを失ったことを受けてマルクスが『自省録』を書き始めたとしたら、それは自分を自分で指導する自己メンタリングのためだった可能性が高い。『自省録』には、教師との対話が含まれている。これはマルクスが内なるメンターを呼び出して行なった架空の対話かもしれないが、若い頃にルスティクスと実際に交わした会話である可能性もある。そのうちの一つを意訳してみる。

教師：一度にではなく、一つひとつの行為を積み重ねることで人生をつくっていきなさい。そして、運命が許してくれる果実で満足します。こうしていれば自分が妨げになることはありません。
生徒：外から妨げられて行為のどれかが達成できない場合、どうしたらいいですか？
教師：外に対する公正さを忘れず、知恵を使う。さらに自己認識しながら取り組めば、妨げられることはありませんよ。
生徒：そのやり方を取っても妨げられたら？
教師：そうですね。妨害を快く受け入れ、つくりたい人生から逸れない別の一行為を工夫します。状況が許してくれるものです。それを代わりに積み重ねます。［8-32］

若いうちはロールモデルを真似た方がいいとガレノスは示唆している。しかし、訓練を続けて自己認識が深まっていけば、メンターの助けがなくても自分の誤りに気づけるようになる。怒りなどの情念についても自分特有の現れ方がわかってくるだろう。さらに、生じた思いや感情が情念までエスカレートしなくなってくる。そして、いつかは自立する時がくる。人生の後半になって自分の人格への責任が増したら、自分に合った哲学的原則を生活の中で実践していくことになる。ルスティクスが亡くなるまで、マルクスは30年以上にわたって訓練を続けていたので、次の段階に入る準備が整っていたと思われる。それが、『自省録』を通しての自己メンタリングを可能にしたのだろう。

価値観に沿って生きるには

メンターという用語は、ホメロスの『オデュッセイア』の登場人物に由来します。深刻な危機に瀕しているテレマコス（オデュッセウスの息子）に助言できるよう、知恵と美徳の女神アテナが、メンターという名のオデュッセウスの友人に変装するのです。また、オデュッセウスが敵と熾烈な戦いをしているときも彼らの側にとどまり、勝利に向けて励ましています。ストア哲学を学ぶとき、他人に助けを求めることを恥じるべきではないとマルクスは言います。負傷した兵士が敵の城砦を奪うために壁を上ろうとするとき、仲間に足を上げてもらうことを恥じないのと同じことだと［同7-7］。しかし、壁を上ろうとするとき、あなたにとってのルスティクスが傍らにいるとは限りません。メンターが見つかればすばらしいことですが、ルスティクスを失った後のマルクスのように、ほとんどの人が自己メンタリングを使うことになるでしょう。

現実世界にメンターがいなくても、メンターを想像することはできます。マルクスもさまざまなロールモデルのイメージを思い浮かべていました。そして、歴史的に有名な哲学者の人格や行動について分析することが大切だと指摘し、ヘラクレイトスの信奉者と思われる人の「模範的な徳を示した前世代の哲学者たちをいつも思い出すように」とのアドバイスを引き合いに出しています。ゼノンの物語は「死んだ人から色を取れ」という不可解な神託から始まっています。それは、前世代の知恵を学ぶことを意味していました。マルクスも、前世代の哲学者の心に内在する原則に注意を向け、彼らが何を追求し、何を避けたかを注意深く検討していたのです。『自省録』には、尊敬する哲学者として、ピュタゴラス、ヘラクレイトス、ソクラテス、キュニコス派のディオゲネス、クリュシッポス、エピクテトスの名が挙がっています。

自己メンタリングの最初のステップは、『自省録』第一巻でマルクスが行なっているように、尊敬する人物が示した徳を書き出すことです。尊敬する人たちの特質をリストアップすることは、簡単ながら強力なエクササイズになります。マルクスはさらに、リストアップした人々の徳——ある人のエネルギー、ある人の慎み深さ、ある人の寛大さなど——を内省するようにしていました[6-48]。そして、身近な人が生活の中で示した美徳ほど私たちの魂を元気づけるものはない、だからこそ記憶に留めたいと述べています。個々人の美徳を書きとめていけば、イメージが鮮明になり、印象的なものになっていきます。ストア派は、この作業が健全な喜びの源になると考えていました。何がその人を尊敬に値する人にしているかを書き出し、内省しながら修正を加えていけば、その美徳について学ぶ機会になります。また、その人物の特質をより簡単に視覚化できるようになっていくでしょう。

マルクスは、アントニヌスの死後10年以上経った後も、あらゆる分野で彼の忠実な弟子であり続けようとしていました[1-16、6-30]。アントニヌス自身は哲学者ではありませんでしたが、ストア派が称賛する数々の徳を自然に備えていました。ボディガード、高価なローブ、装飾品、彫像といった、地位を表す象徴がなくても尊敬される皇帝になれることをマルクスに示したのはアントニヌスでした。カエサルとしての責任を果たしながら民間人に近い生活を送ることが可能であることを示したのもアントニヌスです。彼に倣って、マルクスは「紫に染まった」人物にならないように心がけていたのです[6 - 30]。

マルクスは、アントニヌスの理性、素朴さ、揺るぎない心の平和と穏やかな態度を内省の対象にしていました。その慎み深さと物事を適度に楽しむ様をソクラテスにたとえてもいます。アントニヌスの徳を見習っていれば、彼が死の床で示した〝平静〟が自分の最期のときにも備わっているはずだと考えていたのです。

ストア派は、実在した人だけでなく、理想的な賢者を内省の対象にすることで知られていました。『自省録』にもそういった記述があります。それらは、必然的に抽象的で壮大なものになっています。例えば、賢者は神々の司祭のようなものであり、彼の理性は神の理性と一体化しているとか、賢者は高貴な戦いに赴く戦士のようなもので、運命が割り当てるすべての出来事を全身全霊で受け止め、公益にかなわないものには一切関心をもたないといったものになります。マルクスはここで人としての可能性を想像し、ストア哲学を完璧に体現している理想的な賢者を思い描こうとしているのです。

賢者が持っている徳を考えるだけでなく、ストア哲学を通じて将来どうなりたいかを自問してもいいでしょう。10年、20年とストア派の訓練を積むことでどんな人間になりたいでしょうか？　内省しながら文章化し、必要に応じて修正することが大切です。時間を置いてその記述に戻り、見直して改訂していきます。選んだロールモデルが、知恵、正義、勇気、節制などの美徳をどう示しているかを考えます。さまざまな視点から検討することが、自己改善に役立つ作業になります。書く訓練に時間をかけると、いつでも教えを乞いに行ける心の中の賢者やロールモデルの姿が鮮明になっていきます。困難な状況に対処するときは、その状況を強みとしているロールモデルをイメージすることがベストです。ストア派は、「ソクラテスやゼノンならここでどうするか」と自問しました。マルクスは、ルスティクスやアントニヌスならどうするだろうかと自問していたようです。このように誰かの行動を模倣することを、心理学では「モデリング」と呼んでいます。この技術については、「脱破局視化」の説明において簡単に触れています。

態度をモデリングすることもあります。そのときは「ソクラテスやゼノンならここでどんな態度を取るだろうか?」と自問します。個人的なロールモデルや著名なストア派の先人たちが揃ってアドバイスしてくれている場面を想像してもいいでしょう。「ここでどんなアドバイスをしてくれるだろう?」「この取り組み方を見て何を言ってくれるだろう?」といった質問を自分に投げかけ、どんな答えが返ってくるかを考えます。助けになるなら、それを長い議論に変えていきます。

「モデリング」がすんだら通常は「メンタルリハーサル」を行ないます。自分がロールモデルのように行動していたり、ロールモデルから指導を受けたりしている様子を映像化します。身につけたいと思っている美徳を、この先にある課題に対して実際に行使している自分を想像してもいいでしょう。これらのプロセスには試行錯誤が欠かせません。また、課題全体を一度に克服する自分よりも、小刻みに改善していく自分を想像した方が助けになります。「克服したイメージ」よりも「対処していくイメージ」の方が効果的であることが証明されているからです。非現実的なゴールを設定して、いきなり走り出してはいけません。大きな結果は小さな変化の積み重ねによってもたらされます。まずは簡単に変えられるところからリハーサルを始めてください。

セラペイアには自分の価値観から外れずに生きる技術も含まれています。それを行なうには朝、日中、夜からなる「学習サイクル」と呼ばれるシンプルなフレームワークをつくり、それを毎日繰り返します。朝、自分の価値観を確認します。日中はその価値観に沿って生活します。夜、進歩しているかどうかを評価して、次の日もこのサイクルを繰り返す準備をします。一日の始まりと終わりに行なうこの熟考を、私はそれぞれ「朝の内省」、「夜の内省」と呼んでいます。この「朝の内省」と「夜の内省」をルーティン化すると、訓練に一貫性を持たせることができます。

「学習サイクル」にはモデリングやメンタルリハーサルを含めることが一般的です。朝の内省中に、今日、完了しなければならないこととか、克服しなければならない課題を思い出します。

その課題に対処しているロールモデルを映像化し、メンタルリハーサルします。その課題で示したい徳をメンタルリハーサルしてもいいでしょう。日中は、ロールモデルやメンターが自分を観察しているかのように想像しながら自己認識を保つようにします。現代のストア派が「ストイック・マインドフルネス」と呼ぶこの技術は古代のストア派が心を観察するときに用いていたプロソチ（prosoche）という技術とほぼ同じものです。自分自身に注意を向け、今、心と体をどう使っているかに注目します。さまざまな状況で下していく価値判断を意識して、悪い習慣はもちろん、怒り、恐れ、悲しみ、不健康な欲望などが起こる前の微妙な感情に気を配ります。

夜の内省では、物事が実際にどう進んだかとか、その日に起こった重要な出来事を心の中で2〜3回振り返ります。心の中にいるロールモデルやメンターは何をアドバイスしてくれるでしょうか？　この作業は、その日の経験から学び、翌日の行動を計画し、物事をリハーサルする機会をつくるものになります。翌日に繰り返す「学習サイクル」の準備になるということです。

古代のストア派も同様の作業を繰り返していました。ガレノスは徳について語られた「ピュタゴラスの黄金詩」を、最初は黙読し、次に声を出して読むルーティンを毎日続けていました。彼は、メンターが指摘してくれた改善点を毎日思い出すことも勧めています。もちろん頻繁にやった方がいいのですが、少なくとも「明け方、その日の仕事を始める前、夕方、そして就寝前に」やることが望ましいと述べています。

朝の内省に関して、ガレノスは、今日やることについて考え始めたら、すぐに次の二点を自問すべきだとアドバイスしています。

1　情念の奴隷として行動したら、どんな結果を招くか？

2　理性的に行動し、知恵と自制心を発揮したら、一日がどう変わるか？

『自省録』には、ピュタゴラス派が毎朝、天空にある星々を仰ぎ見て、その揺るぎなさ、純粋性、隠すものが何もない裸の存在であることを、知恵と徳をもって生きる人間の象徴として内省するようにしていたという記述があります。マルクス自身、目が覚めると、知恵を発揮するために今日を生きるのであって、快感に支配されたり不快感から逃げたりする肉体の操り人形になるためではないと自分に言い聞かせていました。さらに、皇帝という役割を務める上で避けられない難しい人たちと出会うことと、彼らに対して苛立ちや怒りを交えずに付き合うための覚え書きを確認することを習慣にしていました〔11-27、5-1、2-1〕。

夜の内省に関して言うと、次の2つが参考になるでしょう。最初に、「黄金詩」の中にある一節を紹介します。

その日の行ないを精算するまで
疲れた目を閉じて眠らないように。
「どこで誤った？　今日、何をした？　やり残した義務は？」
今日行ったことを最初から最後まで思い起こせ、その中の悪しき行ないをたしなめ、善き行ないを喜べ。

〔『語録』〕

2つ目は、次の3つを自問することです。

1　何が悪かったか？　理性から外れた恐怖や不健康な欲求に支配されなかったか？　悪い行動はしなかったか？　情念にかられた思いにふけることはなかったか？

2　何が善かったか？　賢く行なうことで進歩できたか？　そうであれば自分を褒め、繰り返すことを確認する。

3　違うやり方が取れなかったか？　徳や人格の強さを試す機会を逃さなかったか？　どうしたら、より善い対応ができただろうか？

これまで見てきたように、メンターから観察されたり質問されたりしている生徒は、自分の考えや行動を深く意識するようになります。夜の内省で自分の行ないを検証することがわかっていると、それと同じような効果がもたらされます。一日を通して自分の行動にもっと注意を払うようになるからです。マルクスは、ヘフクレイトスの「眠っているように行動したり話したりするべきではない」という格言を思い出すようにしていました〔『自省録』4-46〕。この日課に従うことは、ある意味、私たち自身を私たちのメンターに変えます。また、一日を通して定期的に自分に対して問いかけていると、自分の感情や行動を意識するようになり、自己認識が深まっていきます。例えば、マルクスは、「今、魂を何に使っている?」と、メンターが尋ねるような質問をよく自分に投げかけていました〔同5-11〕。心の中を探って、それまで時間を費やしていた価値観を検証するためです。「私は今、誰の魂を持っているだろうか? 子供か、暴君か、羊か、狼か、それとも理性的な存在として可能性を追求しているだろうか? 今、何のために心を使っているだろうか? 愚かな男になっていないか? 恐怖や欲望に引きずられて道を踏み外していないか? 今、心の中にどんな情念が存在する?」と。このように、ときには習慣的にやっていることを中断し、長期的に見てそれが健全な行ないになるか不健全な行ないになるか自問するといいでしょう。「実際、どうなっているのか?」と大局的な視点から眺めると、大切な価値観から外れることが少なくなっていきます。

ストア派は、ソクラテス式問答法であるエレンコス（elenchus）を採用していました。それは、法廷における反対尋問のように、質問されている人の信念の矛盾を炙り出していく作業です。エレンコスが強調するのは、私たちが自分の指針としている価値観や望んでいるものと、他人を判断するために使っている価値観との間にある矛盾、あるいは、自分が称賛するものと非難するものとの間にある矛盾に焦点を当てることです。心理学ではこれを「ダブルスタンダード（二重基準）」と呼んでいます。マルクスも、ストア派的なセラピーの一環としてルスティクスからこの種の質問を受けていたと思われます。

賢者は考えと行動が一致しているとストア派は信じていました。対照的に、愚かな人の考えと行動は、情念に駆られて何かから何かへと揺れ動いていきます。だからこそ、ストア派はどんなことに直面しても〝同じでいる〟賢者を目指して、このソクラテス的な問いかけを用いるようにしていたのです。この問いかけは、現在、「価値観の明確化」と呼ばれるアプローチ法の一部になっています。1970年代からあったやり方で、最近、セラピストや研究者の間で人気が再燃しています［参考文献41］。「価値観の明確化」とは、毎日、自分の価値観を深く考えて、それを簡潔に表現することで、人生の方向性を明確化していく作業です。例えば、次のような質問を自分に向かって毎日投げかけていきます。

- 最終的な意味において、私の人生で最も大切なものは何か？
- この人生を使って本当に表現したいことは何か？
- 死んだ後、どんな人として思い出されたいか？
- 最もなりたいのはどんな人か？
- どんな人格を持ちたいか？

これらの質問は、自分の葬式で述べられる弔辞を想像し、人々にどう覚えておいてもらいたいかを自問する心理療法に似ています。ディケンズの『クリスマス・キャロル』を読まれたことがあれば、エベネーザ・スクルージを思い出してください。冷酷なエゴイストであるスクルージが、第三の亡霊（未来）から自分の死体と墓石に対する人々の悪態や態度を見せられます。そこで、道徳的なエピファニー（突然のひらめき）を得たスクルージは、その後の人生をまったく違うものに変えていくのです。

価値観を明確化するのに有効なもう一つの技術は、「望んできたこと」と「称賛してきたこと」に分けた2つのリストを並べて作成することです。

1　**望んできたこと。**人生の中で自分に最も望んできたこと

2　**称賛してきたこと。**他人が持っている特質で最も称賛に値すると考えてきたこと

最初、この2つのリストが同じになることはほとんどありません。なぜ、この2つのリストは違うのでしょうか？　他人が持っている称賛できる特質を自分に望んだら、人生はどう変わるでしょうか？　ストア派のように、徳を人生の最優先事項にしたらどうなるでしょうか？

価値観を明確化するこのエクササイズの重要な点は、人としての最高善が何であるか考えることと、自分にとって最も根本的なゴールをはっきりさせ、それに沿って生きることにあります。

価値観を明確にしたら、それをストア派の主要な徳――知恵、正義、勇気、節制――と比較してみましょう。日に数分、自分の価値観と向かい合う時間をつくることは、驚くほど有益な習慣になります。実際、「価値観の明確化」は、エビデンス的に効果が証明されたうつ病治療に欠かせない技術になっています。価値観を明確にすれば、人生の方向性や意味が明確になります。その価値観から外れないように生活すればより充実感を感じる毎日になり、自己実現へと導いてくれるからです。毎日、核となる価値観に沿った何かを行ないます。あまり野心的にならず、小さな変化から始めましょう。そして、夜の内省で、10点満点で何点の出来だったかを採点し、価値観に基づいた生活をしているか確認します。この作業を続ければ、自分の価値

観を具体化するにはどうすればいいかがわかってきます。ストア派を目指すのであれば、理性と徳を用いて行動することが最高善になることを忘れないでください。ストア派は、自己精査にかかわるこの種の訓練をとても重要視していました。ソクラテスの「吟味なき生を生きるべきではない」という格言を強く信じていたからです。

この章では、マルクスのメンターであるユニウス・ルスティクスが果たした役割について見てきました。そして、実際にメンターがいるかどうかにかかわらず応用できるメンタリング技術を紹介しました。マルクスの侍医であったガレノスが残した論文をもとに自分の価値観に沿って生きるための心理療法であるセラペイアを再構成し、それを『自省録』の中の関連する記述と組み合わせました。

この章で説明した「学習サイクル」は、毎日行なう訓練のフレームワークになるものです。それは、ストア哲学に含まれる他の技術にも適用でき、人格やレジリエンスの向上に役立つものになります。並行して、ストア哲学に関する本を読んだり研究したりすれば進歩が速まるでしょう。

第4章

ヘラクレスの選択

欲望を克服する方法

両手で頭を抱え、マルクスは帝国の未来を憂えていた。アントニン・ペストによる荒廃や、脅威を増してくる北からの異民族の侵略に絶望したからではない。それは、弟であるルキウス・ウェルスが開いたパーティがきっかけだった。共同統治を始める前からルキウスとマルクスはまったく異なる生活を送るようになっていた。そして、年月が経つにつれ、二人の人生は正反対の方向へと向かっていった。ストア哲学を人生のガイドにしていったマルクスに対し、ルキウスは放蕩者として悪名を轟かせていったのだ。

二人の関係は複雑だった。マルクス同様、アントニヌスの養子として迎えられたルキウスは、マルクスにとって義理の弟だった。一方で、彼はマルクスの娘ルキラと結婚していた。そのため、義理の息子でもあった。どちらかというとマルクスは、弟というより息子としてルキウスを見ていた節がある。皇帝になったマルクスが最初に行なったのは、ルキウスを共同統治者に任命することだった。これはローマ史上初の試みだった。マルクスの姓であるウェルスをルキウスに与え、ルキウス・ウェルス帝として知られるようになった弟は、ハンサムで、紫色のローブがマルクスよりも似合うカリスマ性のある青年だった。

（ルキウス・）ウェルスは、均整のとれた体つきをしていて、表情が温和だった。蛮人のように、髭を伸びるに任せて長くしていた。背が高く、見た目が堂々としていて、額が眉よりも前に出ている尊厳のある顔立ちをしていた。金髪を誇りにしていて、さらに輝いて見えるよう、頭上で金粉をふるっていた。

［『ローマ皇帝群像』］

マルクスとルキウスはともに皇帝の称号を持っていたが、マルクスの方が上位にあり、ルキウスは属州総督の副官が総督に接するように、マルクスに対して恭順の意を示していた。ルキウスを共同統治者に任命した理由の一つは、弟が王位継承権を主張していたからだと言われている。ハドリアヌスの後を継ぐ予定だったルキウスの実父は、皇帝に即位する前に亡くなっている。ルキウスをかつぐ反対派の台頭を避けるため、弟と権力を共有すべきだとマルクスが元老院を説得したのは賢明なことだった。元老院は内戦による帝国の分裂を何よりも恐れていた。マルクスはこの措置によって政治的安定を図ったのである。歴史書は、マルクスの健康状態がこの決定に影響を与えたことも示唆している。ルキウスはマルクスより9歳若く、体も強かったので、マルクスより長生きして後継者になることが期待されていた。共同統治には、一方の皇帝が急死したとき、残った皇帝が権力を維持することで後継者争いが起こらないようにする意味合いもあった。

歴史家のカッシウス・ディオは、ルキウスを〝軍事に適した〟若くて精力的な男だと評している。ルキウス本人は若い頃に兵役に就いた経験がなかったはずだが、彼の父親は、短期間ながら属州パンノニアの総督と軍司令官を務めている。こういった背景から、最初は軍団内でマルクスより人気があったのかもしれない。ルキウスを共治帝にしたマルクスは、自分に代わって軍団への演説をルキウスに任せ、事実上、彼を軍の代表として扱い始めた。マルクスと彼の側近は、ルキウスが司令官になれるという印象を持っていたが、ほどなくして彼がこの役割にまったく向かない人物であることが明らかになる。軍団生活に必要な義務感と自制心に欠けているだけでなく、酒を飲んだり、友人と遊んだりすることを何よりも好んでいたからだ。

ルキウスは贅沢なパーティが好きだった。マルクスを悩ませたパーティ費用は、軍団全体に支払う年間の給料に相当するものだった。主な出費は、招待客に配る贈り物が原因になっていた。ルキウスのパーティに招待されると、各コースを食べるときに使った、彫刻をあしらった優雅なナイフと大皿だけでなく、各コースの食材に使った動物や鳥が生きたまま贈られた。次に、蛍石やアレクサンドリア産の水晶でつくられた杯が配られた。続いて、金製、銀製の、宝石をあしらった器、金のリボンと季節外れの花が絡み合った花冠、珍しい香料が入った金の瓶が配られた。招待客はプライベートで催される剣闘士の試合を楽しみ、夜明けまで酒を飲み、サイコロを振って遊んだ。お開きになると、銀の馬具をつけたラバが引く乗り物で自宅まで送り届けてくれた。その乗り物は、パーティのときに仕えたハンサムな奴隷少年付きで招待客のものになった。しかし、良友を買うことはできない。この贅沢は、貪欲なごろつきたちを引きつけ、彼らはルキウスの性分における最悪の部分を助長する取り巻きへと変わっていった。『ローマ皇帝群像』はルキウスを、虚栄心が強く自己中心的な愚か者として否定的に描いている。ストア哲学者としてのマルクスの描写と劇的なほど対照的だ。ルキウスの悪徳を誇張しているにしても、そこに一抹の真実が含まれていることは間違いない。例えば、10年近くにわたって帝国を共同統治したにもかかわらず、『自省録』の中でのルキウスは事実上、補足説明程度の扱いに追いやられている。マルクスは、「その人柄によって私を刺激し、私の人間性を育ててくれた、また、尊敬と愛情によって私を励ましてくれた」弟がいたことに感謝していると述べるにとどめている［1-17］。芸術的ともいえる曖昧さをもって語っているが、これは、弟の悪徳が制御不能に陥っていくのを間近に見ていて、自分は人格を強くしようと決意したという意味だろう。しかし、ルキウスが忠誠を誓ってくれたこと、マルクスの統治に不満を持った者とともに帝国を分裂させることなく「尊敬と愛情」を示してくれたことに安堵していた。のちに将軍アウィディウス・カッシウスがマルクスに対して起こした反乱を考えると、ルキウス次第で現実的な危険がいつでも起こりうる状況にあった。

若い頃、マルクスとルキウスは、狩猟、レスリング、その他の活動的な趣味への愛情を共有し、ストア派の訓練もともに受けていた。マルクスは次第に修辞学と哲学の研究に専念し、責任がある公職をこなすようになっていくが、ルキウスは娯楽を楽しむ生活を送るようになっていった。兄が本を読み、ローマ法と帝国統治のための知識を得ようとしている間、弟は、戦車レース、剣闘士の試合、友人との宴会に興じていた。

これは私見だが、ルキウスは、現実から逃避するために快楽の追求にのめり込んでいったのではないだろうか？　現代心理学も、抑圧的な不快感から気を紛らわせるために、人が心地よさを感じる習慣――ソーシャルメディアからドラッグまで――に没頭しやすいことを認めている。ルキウスの場合、アルコールやその他の娯楽が、皇帝としての重責から逃れるための方法になっていたのかもしれない。しかし、これから見ていくように、責任を怠ったり、健康的で充実した行動と置き換わったりすることがない快楽であれば、そこから問題が生じることはない。

それでも、刹那的な快楽を追い求めることが本物の幸福につながることはない。そして、快楽は食わせ者でもある――幸福を装って私たちを誘惑してくるからだ。ストア派が求めるのは、エウダイモニアと呼ぶ正真正銘の幸福感や充実感だ。ルキウスはそれを探す場所を間違えていた。アリーナでの殺戮《さつりく》に興じたり、ごろつきに山積みの贈り物を与えたり、我を忘れるまで飲んだりしても、そこにエウダイモニアは見つからない。もちろん退廃的なローマ皇帝の宴会は、快楽的な衝動をどこまでも実現できる極端な例かもしれない。しかし、欲望の基本的な心理は今も変わらない。人は快楽と幸福を混同しやすい。だから快楽に溺れると、別の幸福があることを想像するのが難しくなる。ストア派の人々は、人間は本来、深くて永続的な充実感を求めるものであることをマルクスに教えた。表面的な感情に惑わされることなく、自分の核となる価値観に沿って生きることでしかそのエウダイモニアは得られない。マルクスとルキウスの人生は正反対の方向に進んでいくが、分岐点はそこにあった。

どこか親しみを感じる話ではないだろうか？　一人の若いカエサルが選んだ――相反する――2つの道が、道徳的な寓話から切り出したもののようだからだ。

この種の寓話の中で最も有名なものの一つが「ヘラクレスの選択」だ。進んでいく道の選択をテーマにしているこの古代寓話は、ストイシズムの歴史において特別な役割を果たしている。

難破した直後のゼノンが『ソクラテスの思い出』の中にあるこの話を読んだとも伝わっている。ソクラテスは、幸福な人をつくるのは自制心であり、快楽を追求してもそうはならないと主張していた。そして、この寓話に先立ってヘシオドスの有名な詩を引用している。

> 悪徳は容易に、そして豊富に手に入る。歩きやすい道がすぐそこにある。しかし、美徳の前では不死の神々でさえ汗を流す。その道は長く険しい。最初は荒れ果てているが、それに耐えて頂上に達すると歩きやすい道になる。

続いて、ギリシアのソフィストであるプロディコスから学んだ「ヘラクレスの選択」について語り始める。

青年だったヘラクレスが、ある日、馴染みのない道を歩いていると分かれ道があった。そこに座って、自分の将来について考え始めた。どちらの道を行くべきか決断できずにいると、二人の女神が目の前にいることに気づいた。最初に近づいてきたのは、上質な服を着た美しく魅力的な女神だった。カキア（悪徳、Kakia）という名だったが、エウダイモニア（幸福、Eudaimonia）と呼ばれていると自分を偽った。そして、私の道を行くようにとヘラクレスに執拗に迫った。この先には快楽に満ちた世界があり、ここを行くのが幸福への近道だと。道は平坦で、王様のように生きることができる、働くのはその他大勢なので苦難なしに想像を超える贅沢が味わえるとカキアは言った。

カキアの話を聞いていると、二番目の女神、アレテー（美徳、Arete）が近づいてきた。謙虚で自然の美しさに輝く女性だったが、深刻な表情をしていた。そして、自分の道はまったく違う方向に導かれていくとヘラクレスに警告した。この先には長くて困難な道があり、大きな仕事を課せられる。ボロをまとって歩く運命にあり、悪口を言われ迫害されると。知恵と正義、勇気と自制心を用いて逆境に立ち向かうことになるが、この先へと進むことが自己を実現する唯一の道だと女神は言った。そして、「努力して大きな障害を克服しない限り、神々から幸福が与えられることはないだろう」と付け加えた。

ヘラクレスはカキアの道（悪徳）に誘惑されることなく、アレテーの道、つまり「美徳」を選んだ。棍棒で武装し、内なる自然と調和して生きていることを象徴するネメアのライオンの毛皮をまとい、世界全体が自分の家であるかのようにあちらこちらを放浪した。神々は、ヒュドラを殺し、冥界に入り、素手でケルベロスを捕まえるといった12の大業をヘラクレスに課した。彼はそれを乗り越えていくが、嫉妬に狂った妻に裏切られ、ヒュドラの毒に浸したローブを着せられて苦しみの中で死ぬことになる。それを見ていたゼウスが、ヘラクレスの魂の偉大さに感銘を受け、彼を神の地位に昇格させる。

ヘラクレスは、キュニコス派とストア派の哲学者たちから最も尊敬された神話上のヒーローだった。ヘラクレスの道は、快適で怠惰な道を選ぶのではなく、自発的に困難に立ち向かい、人格の強さを身につける方が幸福になれるという彼らの信念を象徴していた。マルクスの同時代人である風刺作家ルキアノスは、奴隷競売にかかったときのキュニコス派のディオゲネスを次のように描いている。

買い手：見習おうとしている人はいるかね？
ディオゲネス：ヘラクレスだな。
買い手：じゃあ、なぜライオンの皮を着ない？　手にしている柄杓がヘラクレスの棍棒に似ていなくもないが。
ディオゲネス：この古びた外套がライオンの皮だ。誰からも指図されず、俺なりのやり方で快楽と戦っているんでね。人々の命を浄化するためだ。

［『哲学諸派の競売』］

キュニコス派と同じように、ストア派も「ヘラクレスの道」を勇気と節制の徳についての寓話として捉えた。エピクテトスは生徒たちにこう尋ねている。「ネメアのライオン、ヒュドラ、アルテミスの雄鹿、エリュマントスの猪のような怪物や獣のような男たちと戦わなかったら、ヘラクレスは何者だったか？　家でのんびり過ごし、柔らかいシーツに包まれて眠る楽な生活を送っていたらヘラクレスだったろうか？」と『語録』）。ヘラクレスが泣き言も言わずに怪物を一掃していったように、心の中にある卑しい欲望や感情を一掃して、自分を征服する大業に着手してほしいとエピクテトスは生徒に語りかけている。

ストア派にとってヘラクレスの物語は、なりたい自分を目指すか、快楽や悪徳に身を委ねるかを選択する英雄的ともいえる挑戦を象徴している。ここでの教訓は、正しい道を歩み続けるには、ときにヘラクレスのような奮闘が必要になるということである。しかし、ヘラクレスの人生は不快ではなかったか？　ストア派の観点から見れば、恐ろしい出来事に耐えながらもヘラクレスは陽気であり続けた。彼は自分が自己実現の旅の途上にあることを知っていた。だから、運命をまっとうしながら、深い充足感を味わっていた。そこには、快楽よりもはるかに満足をもたらすものがあった。目的があったのだ。

この物語は、ストア哲学を共に学んだマルクスとルキウスにとって馴染みあるものだったに違いない。しかし、ルキウスはこういった考え方に次第に興味を失い、哲学に背を向けるようになっていった。実際、マルクスが勉強のかたわら忙しく公務をこなしているときに、ルキウスは放蕩を極めていた。戦車レースの緑チームに入れ込み、観戦場で青チームのファンを怒らせては揉め事を起こした。緑チームの名馬を金の像にして持ち歩き、「人が飲む限度を超えている」巨大な水晶製のワインゴブレットを使って酒に溺れていった。

一方、マルクスは、寓話の中のヘラクレスのように、この種の気晴らしは避けるか、最小限に抑えることを選択した。今の時代の「大衆」も、スポーツイベントやリアリティ番組に夢中になっているが、ローマ時代の「大衆」にとっては、戦車レースや剣闘士の試合が気晴らしのための公共娯楽になっていた。子供の頃のマルクスに、奴隷の守り役が戦車レースや剣闘士の試合で一方のチームに肩入れしないよう助言したのはこのことだった。

マルクスはこういった公共娯楽を避けていたが、友人や助言者からの要請で出席を余儀なくされることがあった。不必要な流血は野蛮であり悪徳でもあると考えていた彼は、皇帝になるとゲームにおける残虐行為に制限を課していった。剣闘士たちが命の危険を冒すことなく戦えるように、尖っていない武器を使うよう命じた。戦車レースも、馬だけでなく、騎手が頻繁に傷ついたり死んだりする血が付き物のスポーツだった。マルクスは大衆の興奮の先にあるものを見ようとした。目の前で繰り広げられる光景に対して、「これが、人にとって本当に楽しいことなのか?」と自問していた。

ストア派にとって、快楽自体は善いことでも悪いことでもない。私たちの心の状態が善いか悪いか、健全か不健全かは、その人が楽しむ対象に依存する。マルクスは、ローマ社会を人々が空しい夢に気を取られている見世物小屋にたとえているが、その中にあっても自分の居場所を確保しなければならないと考えていた。他人の苦しみを楽しむことは悪だ。したがって、死や重傷を負う危険性があるものを見て快楽を感じることをストア派は悪徳と見なす。しかし、快楽に目がくらむと、他人だけでなく自分にも悪い結果が及ぶとしても、それがわからなくなる。対照的に、他人の活躍を楽しむことは善になる。快楽の源とその結果を綿密に調べるようストア派の教師たちから教わっていたマルクスは、自分が身を置いている文化を先入観にとらわれることなく見ることができた。自分の心の深いところにある価値観に従うことがもたらす充実感は、みんなが楽しんでいるからという理由に従う、興奮をともなう普通の楽しみを表面的なものに変える。マルクスは自分の人生のゴールは快楽ではなく行動にあると繰り返しているが、それは、このことを念頭に置いている。

最初、人々はマルクスをお高くとまった退屈屋だと嘲笑していた。ゲームの最中に法律文書を読んだり、助言者たちと議論したりするのが見えたからだ。マルクスは大衆を満足させるためにイベントに顔を出さなければならないとの助言を受けていたが、そういった場に行っても国家運営という容易ではない仕事で頭がいっぱいだった。そのため、家庭教師で親友のフロントからも真面目すぎると非難された。

あなたが不在のときに、ごく親しい友人たちの前であなたを厳しく批判したことがあります。例えば、公の集会に出るときに場にそぐわない暗い表情で入ってきたり、劇場や宴会の場で読書していたりするとき（私自身がまだ劇場や宴会から距離を置いていなかった頃の話です）のことを言っています。そのようなときは、状況に応じて行動しない無神経な男、ときには怒りに駆られて不愉快な人とあなたを呼んでいました。

フロントは、最終的にマルクスの考え方に同調するようになる。温かさや親しみやすさに欠ける貴族階級の中での社交よりも大切な人間関係があることに気づいていったからだ。マルクスは皇帝という身分に合った相手ではなく、尊敬できる人物を友人にしていた。帝国にいるエリートたちとの交流よりも、家族や信頼できる仲間たちとの集まりを優先させた。仲間たちは、ときにマルクスを率直に批判したので、楽しいと言えない集いになることもあった。しかし、価値観を共有でき、人として自分を向上させてくれるかけがえのない人たちだった。

マルクスは円形劇場で、観客にバレないように何食わぬ顔で書類を片付けるようになった。また、顧問たちと政策決定するときも、それを見た観客が、皇帝がみんなと同じようにゲームについておしゃべりしていると思い込むよう上手に議論するようになった。マルクスはゲームから教訓さえ得ていた。野獣と戦って傷だらけになった剣闘士が、戦いに戻れるように応急処置をしてくれと懇願していた。この光景は、そうすることでさらに傷つくことがわかっていながら不健康な欲望を追いかけ続けるカキアの道を彼に思い出させた。おそらく、哲学を放棄し、自分を破壊していく放蕩生活を続けていた弟を思い出してもいただろう。

マルクスが一緒にいれば、ルキウスの放蕩はある程度だが抑えることができた。しかし、二人が共治帝になった少し後に、ルキウスのその後の運命を決する出来事が待っていた。シリア遠征である。パルティア王ヴォロガセス4世がローマの同盟国アルメニアに侵攻してきたのだ。位置的に近いカッパドキア（現在のトルコ）の総督が軍団を率いて交戦したが、包囲されて全滅、総督は自刃に追い込まれた。これはローマ人にとって屈辱的な敗北であり、この出来事が大きな軍事的危機へと急速にエスカレートしていった。

首都の事情がマルクスを必要としていたので、ルキウスをシリアに送り、東部に集結させた軍隊の指揮を執らせることにした。しかし、数週間で到着できるこの遠征にルキウスは9か月を費やした。道中、狩猟やパーティにうつつを抜かしていたことが原因だ。マルクスはイタリア南部のカプアまでルキウスに同行したが、兄がいなくなるやいなや、暴飲暴食に走った弟が体調を崩してしまう。このとき、マルクスはルキウスの元へと見舞いに戻っている。『ローマ皇帝群像』は、体調を回復させたルキウスが単独でシリアに到着するまで、そしてパルティア戦争の間、つまりマルクスの目から離れていた期間に、堕落に陥りやすい彼の性格に拍車がかかったと厳しく評している。

総督が殺され、軍団が壊滅し、シリアが反乱を企て、帝国東部が荒廃している最中に、(ルキウス・)ウェルスはアプリアで狩りを楽しみ、歌手とオーケストラを従えてアテネとコリントスを旅していた。海岸沿いにあって享楽の地として悪名高いアシア、パンピュリア、キリキアを通るときは、遊ぶ時間を取るために、のろのろと進んだ。

シリアの首都アンティオキアに到着し、マルクスの目がまったく届かなくなると、ルキウスはどんちゃん騒ぎに身も心も委ねてしまう。そして、愛人であるパンテイアを喜ばせるために髭を剃り落としたが、これは、さらにやりたい放題やるために、哲学に背を向けるという宣言でもあった。哲学者にとっての髭は、この時代に先立つ政権下で迫害の対象にする人物を特定する目印になった後、驚くほど政治的な象徴になっていた。一部の人にとって髭を剃ることは、最も大切な信念や価値観を捨てることを意味していた。哲学者への迫害について講義していたエピクテトスは、もし当局が彼の髭を切りに来たら、まずは首を切れと言うだろうと生徒たちに話している。

シリアにいたローマ軍団の風紀はもともと乱れていた。マルクスは、規律に厳しい将軍アウィディウス・カッシウスを派遣し、軍人を売春宿や飲み屋から引きずり出し、兵士がふざけて髪に飾っていた花を叩き落とさせていた。しかし、ルキウスが到着すると、彼の個人的な取り巻きが売春宿やリゾート地で遊んでいた兵士の代わりになった。マルクスの娘ルキラと結婚していたにもかかわらず、ルキウスはシリアで見つけた女性や若い男性との不倫関係に溺れていった。夜明けまでサイコロを振る習慣を身につけたのもここだ。庶民を装って夜遅くまで居酒屋や売春宿をさまよい、酔っ払って喧嘩をし、青あざをつくって帰ってきた。料理屋のコップにコインを投げつけて叩き割るのが好きで、それが乱闘の合図になった。夜通し飲み食いし、酔い潰れてテーブルを枕に眠ってしまうので、使用人に寝室まで運ばれるのが常だった。

ルキウスは大酒飲みとして有名だった。現存する情報に基づくと、彼は不安障害と抑うつをともなうアルコール依存症に苦しんでいた可能性がある。例えば、パルティア戦争中にフロントに送った手紙で、「昼も夜も惨めな気分で、すべてが台無しだと思えるほどの不安を感じる」と訴えている。敵であるパルティア人との交渉にともなう不安について言っているのだろうが、ルキウスはこの精神的苦痛に圧倒されていた。暴飲暴食、セックス、ゲーム、パーティなどへの耽溺が、皇帝という役割の重圧に耐えるための彼なりの対処法になっていた。ストア派は、大衆娯楽、セックス、食べ物、そしてアルコールにさえそれなりの楽しみ方があることを知っている――それら自体、善いものでも悪いものでもないからだ。しかし、過度に追求すると不健全なものになる。そのため、欲望に合理的な限界を設け、そこから先は自制心の訓練に変えた。「過剰なものが何もない」ようにしていたのである。しかし、楽しみがすべてに優先されるようになると災いのもとになる。健全な楽しみと不健全な楽しみには大きな違いがある。ルキウスは間違いなくその一線を超えていた。

6年にわたる戦争を経てローマ軍の勝利が確実になると、自らの偉業をマルクスと祝うためにルキウスが首都に戻ってきた。彼は東方から多数の捕虜を連れてきたことを誇ったが、人々はパルティア兵ではなく役者に捕囚をやらせているのだと嘲笑した。また、修辞学者フロントを招き、ローマ軍の勝利をすべてルキウスの功績とする戦史を書かせた。実際は、アウィディウス・カッシウスをはじめとする将軍たちに指揮を任せ、自分はできるだけ戦地から離れて取り巻きたちとセレブのように遊んでいたのである。この手抜きは小さな問題にとどまらなかった。後を任されたアウィディウス・カッシウスが、帝国東部で皇帝に匹敵する権力を持つようになっていったからだ。

ローマに戻ってからのルキウスは兄に敬意を払おうとしなくなり、その行動は悪化の一途をたどっていった。しかし、その生活も長くは続かなかった。帝国の北の境界線でマルコマンニ戦争が始まり、今度は両皇帝ともに軍装を整えてローマから遠征することになったからだ。戦地に弟一人で行かせてはならないことをマルクスは学んでいたし、ローマで留守番をさせることにも不安を感じていた。ルキウスはイタリア北部のアクイレイアに到着したら、そこに一人残って狩りや宴会を楽しむつもりでいたが、マルクスはアルプスを越えて境界線が侵犯されているパンノニアへと弟を連れていく。異民族の最初の侵略を撃退した後、ルキウスの主張を飲んで二人でアクイレイアに戻ったが、１６９年の初め、ルキウスは突然、卒中の発作に襲われ、3日後に亡くなってしまう。なぜ彼が死んだかは定かではない。マルクスが毒を盛ったという噂さえあった。しかし、意識を失ったこと、話せなくなったこと、そして突然の死は、この時期に近隣都市や軍団内で猛威を奮っていた疫病の兆候を示している。マルクスと比べ若くて丈夫だと言われていたにもかかわらず、ルキウスは39歳までしか生きられなかった。

制御不能の弟がいなくなってマルクスはほっとしただろうと考えるかもしれないが、彼は大きな喪失感を感じていた。帝国中に疫病が蔓延していた。そんなときに首都から遠く離れた北の辺境で、初めての軍団指揮に一人で当たることになったのだ。ルキウスの死後、日が経つにつれ、孤独感と途方もない政治的圧力がマルクスの肩にのしかかっていったことは間違いない。『自省録』が形になっていったのはこの試練の最中だった。

ストア派にとって喜びとは

『自省録』には、欲望について語られたイソップの有名な寓話「町のネズミと田舎のネズミ」が引用されています。こんな話です。町のネズミが田舎に住むいとこネズミを訪ねると、パンの皮と乾燥したカラス麦からなる食事で歓迎されました。町のネズミはそれを田舎者の食事だと笑い、町で味わえる贅沢さを自慢します。そして、自分と一緒に町へ戻って豊かな生活を楽しもうと誘います。町のネズミの家に着くと、家主の食卓から出たご馳走（の残飯）の山に、田舎のネズミはびっくり仰天。早速、二匹で食べ始めます。ところが、ゆっくり味わう間もなく、ご馳走を引っ掻く音を聞きつけた犬が吠えながら襲いかかってきます。二匹は命からがら小さな穴の中へと飛び込んでいきます。

穴の中で一息ついた田舎のネズミは、町のネズミに、「おもてなしには感謝するけど、すぐに田舎に帰りたい」と言いました。質素だけど、あそこには平和と静けさがある、こんな危険な生活はごめんだと。田舎のネズミにとって、町のネズミの贅沢は代償が大きすぎました。犬に殺される危険付きのご馳走よりも、田舎でゆっくり粗末な食事をする方が、彼にとっては幸せだったのです。マルクスは、貪欲を満たすことと引き換えに、町のネズミは年がら年中「恐怖と狼狽」の中にいるとコメントしています。

ルキウスを虜にした「快楽」を、マルクスが空虚で表面的なものだと見ていたからといって、マルクス自身の人生に喜びがなかったわけではありません。『自省録』の重厚な文章を読むと、作者も陰鬱な性格だったはずだと思い込みがちです。しかし、彼の個人的な手紙からは、マルクスが驚くほど愛情深くユーモアがある男だったこと、スポーツや趣味を楽しんでいたことが窺えます。絵を描くこと、ボクシング、レスリング、ランニング、野鳥狩り、イノシシ狩りが好きで、『ローマ皇帝群像』には、さまざまな球技に長けていたとも書かれています。もちろん、責任が増すにつれて国務とストア哲学の訓練に人生を捧げるようになっていきますが、一方では、身近にいる人たちに愛される気さくで親しみやすい人物でもあったのです。厳粛ですが過度にではなく、謙虚ですが消極的ではなく、真面目ですが気むずかしくはありませんでした。また、友人や家族と一緒にいることに大きな喜びを感じていました。

マルクスは快楽主義者だったルキウスよりも幸せだったはずです。ルキウスがどんちゃん騒ぎで味わっていたような高揚感はなかったでしょうが、「過剰」による気分の落ち込みに苦しむこととは無縁でした。知恵や徳と調和した生活を送ることで彼が代わりに得たのは、深くて永続的な幸福でした。実際、自分の目標は、生涯を通じて「朗らかな平静」を心の中に保つことだと書いています。そして、理想とするその状態を少なくとも垣間見たマルクスには、心の中に平静さえあれば、たとえ野獣に襲われたとしても、その精神状態でいられるとの確信がありました。ソクラテスは、監獄で処刑を待っているときも、毒ニンジンジュースが入ったカップに唇をつけようとしているときも快活だったと言われています。マルクスもストア派の教師たちから、内にある幸福は、知恵と節制とともに生きることの自然な結果であると教えられていました。それがマルクスの教師たちの実際の生き方でもあり、さまざまな逆境に直面したときも、彼らはソクラテスのように快活でした。そういった実践例をマルクスが目撃したことは重要な出来事だったと言えます。

古代ギリシア哲学で使われていた心の状態を表現する用語をすべて表せるほど、現代英語は発達していません。私たちは〝喜び〟という言葉をとても広範囲に用いていて、ほとんどすべての前向きな気持ちをそう呼んでいます。しかしストア派は、食べ物やセックス、お世辞などの〝外的〟なものから得る喜び（ヘードヴー、hedone）と、深い〝内的〟な喜び（カーラ、chara）を区別していました。ストア派的な喜びには深さがあり、それは、自分の価値観に沿った目標を達成したときとか、そこに向かいつつあるときの充実感からくるものです。それが彼らにとっての純粋な喜びであり、その喜びと比較すると通常の喜びは取るに足らないものに見えるのです。通常の喜びは、過剰に耽ると、私たちの心を乱すものになります。しかし、ストア派が言う喜びはそうなりません――心に平静をもたらすものであり、過剰を知らないからです。

ストア派の喜びの捉え方には、さらに2つのポイントがあります。

1　ストア派は、喜びを人生の目標ではなく、知恵の副産物であると考えていた。そのため、直接的に喜びを追求しようとすると、知恵の方が犠牲になって間違った道に迷い込む可能性があると見ていた。

2　ストア派の喜びは、受動的ではなく基本的に能動的なものだ。それは自分の行ないの中にある徳を意識するところからくる。一方、身体的な喜びは、食べたり飲んだりセックスしたりする能動的な行動の結果であるとしても経験から生じている。

ギリシア語の喜び（カーラ、chara）は、感謝（カリス、charis）と密接に関連しています。そして、運命が与えてくれた外的なものに対して感謝するようストア派は勧めています。しかしマルクスは、この点に関して節制を忘れてはいけないと言います。外的なものを過大評価して、外の世界に執着する習慣に陥らないためです。そうなっていないか確認するには、大切にしているものを奪われたら動揺するか自問することです。ストア派は、執着によって損なわれることがない健全な感謝の気持ちを育てたいと考えていました。そのため、ゆっくりと流れていく川が、その「感謝している対象」を運び去っていく変化と喪失を想像する訓練も行なっていました。人生を愛し、与えられた幸運に感謝しながらも、すべてが変化し、永遠に続くものがないことを受け入れるようにしていたのです。マルクスは、「運命が紡いでくれるものすべてを愛し歓迎する」ことが賢者の特徴であると書いています〔『自省録』3-16〕。この言葉からドイツの哲学者フリードリヒ・ニーチェがつくったラテン語「運命愛（アモール・ファティ）」を連想する人も多いと思います。

ストア派にとって、過剰にならない（健全な）快楽は悪ではありません。快楽とその源泉が、善でも悪でもない「善悪無差別」に分類されるからです。言い換えれば、ストア派は興醒めする人たちではありませんでした。マルクスは、運命が与えてくれる単純な素材からでも、弟のように享楽に耽る人が得るものと同じくらいの喜びが得られると考えていました〔同10-33〕。過度に食べたり飲んだりする〝過剰〟に耽る人よりも、節制を実践しながら食べたり飲んだりする人の方がより多くの喜びを得られるとソクラテスも主張しています。空腹が最高の調味料だと彼は言い、食べすぎれば食欲を台無しにするとも言っています。ストア派は人生における喜びを逃している――快楽主義者はそう言うかもしれませんが、彼らは次のようなパラドックスで答えるでしょう。節度を保つマルクスのような人の方が、自分を甘やかして自制しないルキウスのような人よりも悩みが少なく、自分を傷つけることなく楽しめると。

さらに、食べ物やその他の外的な欲望を満たすことよりも、節制という徳を行使する方が大きな喜びにつながるという、より深いパラドックスもあります。節制することが、通常の快楽を上回る満足感や充実感につながるときがあるからです。しかし、ここで忘れてならないのは、これが節制の訓練についての話であって、不健全な自己否定の話ではないことです。外的な喜びはおろか、内的な喜びも含めて、ストア派にとっては知恵がすべてを上回ります。喜びは、人生の目標というよりはおまけのようなものなのです。

欲求を変換させるステップ

不健全な欲求を取り除いて、充実感とともにある毎日にするにはどうすればよいでしょうか？　快楽的な喜びを求めて悪い習慣から抜け出せないでいる自分に気づいた経験が、あなたにもあるかもしれません。もちろん、それがドラッグやアルコールへの依存なら、専門家のアドバイスが必要になります。そこまで深刻ではない習慣や欲求であれば、１９７０年代に心理学者たちが開発し、今日でも使われている方法が役に立ちます。

ジャンクフードの過食といった止められない習慣が、未解決のままの問題からくる不快感を回避する方法になっていることは多いものです。しかし、長期にわたってそのやり方で気を紛らわせていると、自分の価値観に沿ったやりがいが持てる活動を追求できなくなる可能性があります。結局、それが最も深刻な問題になります。

例えば、自分はソーシャルメディアに「中毒」していると嘆く人がいます。ある種の習慣や強迫観念からメッセージをチェックするのに毎日何時間も費やしていて、長時間そうしないでいると、動揺したり、退屈したり、不安になったりします。ルキウスが戦車レースや剣闘士の試合にのめり込んだように、刺激的な何かで時間を埋めることで満足を得ようとしています。膨大な時間をそこに費やしているものの、それが人生を過ごすための最も充実した方法だと考える人はまれでしょう。「もっとテレビを観ればよかった」とか「もっとFacebookをやればよかった」と墓石に刻む人はいません。

臨床的な意味で抑うつを患っている人によく見られるのが、こういった充実感をもたらさない快楽が、以前は自分の人生に意味を与えてくれていた活動に取って代わっているケースです。その快楽が気晴らしになったり感情を麻痺させたりする手段になり、いつしか毎日が満たされないものになっているのです。

したがって大局的な観点から自分の習慣や欲求を評価する必要があります。時間を費やしている対象が、長期的な幸福や人生の充実感にどの程度かかわっているかを見極めるのです。その見極めには、自分の行動を評価し、必要があればそれを変更するためのフレームワーク――認知行動療法と古代ストア派の訓練法を組み合わせたもの――を用います。次の手順で進めていきます。

1 変更すべき行動を選ぶため、習慣や欲求がもたらす結果を評価する。
2 問題がある欲求を芽の段階で摘むために先立つ警告サインを特定する。
3 現実から印象を切り離し、認知距離を取る。
4 その習慣から離れて別の何かを行なう。

1 習慣や欲求がもたらす結果を評価する

変えた方がいい習慣や欲求は、どう特定したらいいでしょうか？　現代の心理療法でよく使っているのが「機能分析」と呼ばれている技術です。異なる行動がもたらす長所と短所をクライアントに比較検討してもらい、何を止めるべきかを見極めてもらう方法です。過食や喫煙などの断ち切りたい習慣がわかっている人なら、「これを続けたら体に悪いのはわかっているさ」と言うでしょう。それでも、止めた方がいいほど悪い、あるいは不健康なものなのか確信

が持てない場合は、その習慣的な欲求に従い続ける結果と、節度ある行動や別の行動に代えたときの結果を比較すると明確になります。

例えば、仕事のあとに1時間テレビを観る習慣があったとします。この習慣を長期的に続けた場合の長所と短所は何でしょうか？　それを自分の価値観に基づいた活動（112ページ～参照）に代えたら、長期的にどうなっていくでしょうか？　以前も説明しましたが、悪い習慣に耽る代わりに、単にそれを自制するだけで心が満たされるとするストア派の実践者もいます。大切な人に電話をかける、本を読むといった、少しだけ努力を要する「代替行動」に代えてもいいでしょう。このエクササイズの目的は、好ましくない欲求や習慣を減らすだけでなく、自分にとって価値があり、やりがいのある活動を生活の中で増やしていくところにあります。例えば、良い親になりたいなら、そうなれる時間を毎日の予定に組み込みます。最初は数分しか時間が割けないとしても、なりたい自分へと近づくことができます。楽しいけれど自分のためにはならない習慣に費やす時間を減らし、価値があり充実感が得られることにもっと時間を費やしたら、何が起こるでしょうか？

ある行動を続けることの結果を考え、その結果を心の中で鮮やかに描くだけで、その習慣を排除できる場合もあります。エピクテトスは、ある行動の結果を思い描き、時間の経過とともにそれがどうなっていくか予測するよう生徒たちに教えていました。マルクスもこの方法を採用し、一つひとつの行動が自分にとってどんな意味があるか、そして将来、後悔することにならないか自問していました。決断を下すとき、ストア派は二項対立にすることを好みます。「ヘラクレスの選択」にも2つの道があります。

1　悪徳の道、つまり過剰な欲望と非理性的な感情（不健全な情念）に従うこと
2　美徳の道、つまり自制心を養いながら、理性と自己実現へとつながる価値観に従うこと

ストア派は、求めている外的なものすべてを手に入れることよりも、徳の一つである自制心を身につけることの方が有益だと考えていました。渇望する対象は束の間の喜びを与えてくれるだけですが、自制心は私たちの人格と人生を善い方向に導いてくれるからです。

セラピストは、「その習慣を長く続けるとどうなりますか？」とクライアントに尋ねるだけで改善に向かうことを知っています。多くの場合、単純にそう質問するだけで行動変容のための動機付けになります。しかし、ストア派の「機能分析」は、紙の上でもっと徹底的に行ないます。まず、ある行動を〝短期的に〟続けたときの長所と短所を書き出します。それから、長期的に続けた場合の長所と短所を書き出します。ある欲求が否定的な結果につながることがわかるだけで、その欲求に対する感じ方や行動が変わることもありますが、好ましくない習慣か

ら脱するには、その欲求による悪影響を、詳細に、明確に、そして生き生きとイメージすることを繰り返します。その欲求を控えたり、克服したり、その逆をしたりすることがもたらす肯定的な結果を思い描くことも役立ちます。分かれ道に来たときのヘラクレスのように、目の前にある2つの道の行き先を視覚化しましょう。例えば、禁煙することと喫煙し続けること、筋トレを始めることとカウチポテトを続けること。これらの2つの道が時間の経過とともにどれだけ離れていくか、今から数か月、あるいは数年後に導かれる場所について想像してみてください。

このステップにおける目標は、克服したい欲求や習慣を特定し、それを続けた場合の未来を明確にすることです。また、習慣を断ち切るには「変えたい」というモチベーションが必要になります。それを高めるために、目の前にある2つの道と、時間の経過がもたらす先にある強いコントラストを心の中に保つようにします。

2 初期の警告サインに気づく

変える価値がある習慣や欲求がわかったら、それが起ころうとしている段階で気づいて〝野生状態でつかまえる〟ことが次のステップになります。早期に発見して、芽の段階にあるときに摘み取るのです。それを可能にするのがセルフモニタリング（自己監視）です。特に、変えたいと思っている感情や行動の初期の警告サインを見逃さないようにします。このセルフモニタリングは、ストア派的なマインドフルネスのトレーニングになります。

最初に、1で特定した欲求や習慣が浮上してきた状況を記録します。習慣につながるわずかな傾向や欲求の暗示を書き留めるだけでも十分です。しかし、詳細に記録すればさらに役立つものになります。日付、時刻、外的な状況（「どこにいたか？」）、初期の警告サイン、衝動の強さの評価、衝動に屈したときに体験した快感レベルなどを項目にした記録シートをつくります。「この一回なら害はない」、「明日、止めよう」、「もともと意志が弱いし」といった、そのとき使った言い訳まで付記すると完璧です。

日付／時刻／場所	警告サイン	衝動（0〜10）	快感（0〜10）	言い訳

このステップでの目標は、悪い習慣につながっていくトリガーや「ハイリスク」な状況を特定することにあります。仕事で強いストレスを感じた日やパートナーと喧嘩をした後などに、

ジャンクフードを大量に食べて気を紛らわせているかもしれません。今まで見過ごしてきた、問題行動につながる初期警告サインを探します。自分の思考、行動、感情に意識を向けていると、欲求に先行するサインをより早い段階で察知できるようになります。ジャンクフードの例を続けると、陳列棚にあるキャンディーを見ながらそれを食べる自分を思い浮かべているかもしれません。喫煙者であれば、タバコを吸いたくなると緊張したりそわそわし始めたりする可能性があります。「このチョコレートがあれば仕事をフィニッシュできる」といった誘導的な思考が、初期の警告サインに含まれていることもあります。

やめたいと思う習慣――爪を噛む、タバコを吸う、酒を飲む、ジャンクフードを食べる――の多くは、手を顔に向ける仕草です。爪を噛む前に顎をなでるなど、その習慣に移る前に手を動かしていることもよくあります。こういった先立つサインに気づくだけで習慣が弱まることもあります。とはいえ、外から見ている人には明白な表情とか目の動き、手の使い方などの変化は、本人は気づきにくいものです。些細な変化であればなおさらです。身近にいる人に頼んで、そういったサインに気づいたら、鼻を軽くたたいて離れるといった簡単なジェスチャーで指示出ししてもらうといいでしょう。気づかずにいることをちょくちょく指摘されるとイライラするかもしれませんが。一人でやる場合は、別の人が自分を観察していると想像しながら行動するようにします。

早い段階でサインに気づけるようになれば、欲求や情念につながっていく行動の連鎖を狂わせることができます。効果的なのは変えたい行動の微妙な変化に対する認識を高めることです。例えば、ほとんどの大人は何も考えずに靴紐を結ぶことができます。しかし、そのやり方を子供に教えようとすると、突然、不器用に結んでいることに気づくでしょう。何も考えずに習慣的、自動的にやっていた内容を、手順を分析したり、少し違った方法で行なったりすると、ぎこちない動作になるからです。観客の前で行なう演奏やスポーツも、自分の動きについて考えすぎると自意識過剰になったりルーティンが乱れたりします。技術を要するパッティングのような動作をしようとしているゴルファーに、息を吸ってから打つか吐いてから打つか聞くと、それだけで混乱します。自己認識すると自動化している行動が乱れる――この原則は、悪い習慣を断ち切るときにとても役立つものになります。

3 認知距離を取る

自分の視点と外にある現実との分離を意識することも習慣を変える助けになります。「認知距離」についてはすでに紹介していますが、渇望する対象からの価値観の分離はストア派にとって最も重要な心理的実践になります。欲求や習慣が出てきたら、それを促す思考（「オンラインで何か起こっているかも」）とか言い訳（「ちょっとくらいソーシャルメディアをチェックしても害はない」）に注目します。別の人の思考であるかのように自分から切り離してそれらを観察することで認知距離を取り、思考の流れに乗って行動に移していく衝動を弱めます。90～91ページで説明したように、ストア派はさまざまな方法を用いてこれを行ないます。例えば、思考を〝擬人化〟し、別の人に話しかけるように、「お前はただの思考であり、そこで主張しているものとはまったく違う」と話しかけます――そうすることで、思考自体に本質的な価値がないことを確認します。エピクテトスの言葉をアレンジして、「この渇望は〝それ〟からではなく〝それ〟に対する私の価値判断からくるものだ」と言ってもいいでしょう――その対象に価値を見出しているのが、まさに私たちだからです。

強い欲求や感情は「こいつはいいぞ！」と私たちにアピールしてきます。強い欲求にはその対象に対する別の見方があることを忘れさせる力があります。しかし、思考を一時停止させてそれに対する認知距離を取って現実から遠ざけると、感情を和らげたり、行動へ移ろうとしている思考を弱めたりすることができます。

認知距離を取る別の方法の一つは、ロールモデルが同じ状況をどう〝認知〟するか想像することです。ハンバーガーをいくつも食べたいとします。その場合は食事にとても注意を払っていたソクラテスがロールモデルに適しています。ソクラテスは過剰による満足よりも節制を行使する充足感に重きを置き、控えめに食べる方が食べ物からより多くの喜びが得られると考えていました。この哲学者を思い浮かべながら、「ソクラテスなら、この欲求をどうするだろうか?」と自問するといいでしょう。友人、同僚、家族、有名人や小説の登場人物をロールモデルにすることもできます。選んだロールモデルはその欲求が浮かんだときに自分に対して何と言うでしょうか? 衝動に気づいたとき、彼らはどう反応するでしょうか? 欲求や情念に圧倒されているときは、その対象を固定した角度から見ていることが多いものです。ロールモデルが取るであろう行動をその通り模倣する必要はありませんが、その欲求を別の視点から眺めることで感情の強度を弱めることができます。また、問題解決のためのインスピレーションを得たり、創造的な対処法を考えるよう促されたりするかもしれません。

ある問題行動が習慣化したときは、その行動を構成要素に分解し、各要素を検討することが大切だとマルクスは説いています。それぞれの要素に焦点を合わせ、それが圧倒されるほどのものであるかを考えることで、その体験を耐えられるものに変えたのです。特定した行動の各ステップごとに一時停止し、「これができなくなるという理由で、死が恐ろしいものになるだろうか?」と自問し、その行動の価値を見積もるようにしたのです。

現代の認知療法でも、同様の「分割と克服」テクニックが用いられています。20世紀初頭のサイコセラピストであるチャールズ・ボードゥアン――ストイシズムの影響を受けていた――は、抱えている問題を感情的な意味で圧倒されない小さな塊に分解するこの心理学的手法を

「分析による価値低下」と呼びました。

例えば、タバコを吸っている人は、次のひと吸いの刺激を失うことが世界の終わりに匹敵するか自問することができます。ひっきりなしにソーシャルメディアをチェックしている人なら、今回の通知を読まないことが本当に耐えられないか自分に尋ねることができます。このやり方で自己認識していくと、その習慣から得られる喜びが思っていたよりも小さいものであることに気づくことがあります。

マルクスは、跳躍する戦闘祭司であるサリイのダンスを主導していましたが、一連の動作を部分的に分解するために一時停止すると歌や踊りの楽しさが損なわれるという観察を行なっています。例えば、曲を個々の音符に分解し、それぞれについて「これが楽しいだろうか？」と自問しています。彼は、ボクシング、レスリング、キック、チョークを組み合わせた古代格闘技であるパンクラティオンのトレーニングにも励んでいました。ここでも、対戦相手の動作を個別に分析することで、落ちついて試合に臨めるようにしていました。圧倒される体験を要素にして分析することで、情念による呪縛を解こうとしたのです。

ストア派はアパテイアを求めます。アパテイアとは、私たちを害する欲求や情念から自由になった心の状態であり、善悪無差別に属するものを無関心に眺める能力を高めることで、その状態に自分を近づけていきます。もちろん、これは冷淡になれとか思いやりをなくせという意味ではありません。私たちは理性や知恵よりも外にあるものの方が重要であるかのように考える習慣に陥りがちです。そうならないようストア派が特に重視したのは、外界の事柄に対する価値判断を保留することでした。彼らは出来事をできるだけ客観的に説明することでこれを行ないました。パンタシアー・カタレープティケー（現実をしっかり把握すること。83ページ参照）を用いて、不健全な欲求や情念に持っていかれないようにしたのです。

　渇望しているものについて、人はよくその欲求に火をつけるような言葉を使って自分に話しかけます。そう言うことが不健全な習慣を助長していることに気づいていても、「チョコレートが欲しくてたまらない。なんでこんなにおいしいの？　セックスよりいいわ」と食べながら言葉で確認しています。栄養士なら、「チョコレートの成分は、主に植物性脂肪であり、そこにいくらかのポリフェノールや食物繊維、大量の精製糖が加わってできている」と言うでしょう。ハドリアヌス帝は、ルキウス・ウェルスの父親が発明したとされる料理を「4倍の治療薬《テトラ・ファールマクム》」と呼んで常食していました。まるでよく効く薬のようです。しかし実際は、キジ、イノシシ、ハム、雌豚の乳房をパイ生地に包んで焼いた贅沢な料理でした。この常食が原因かどうかはわかりませんが、彼は心臓発作で亡くなっています。以上は不利に働くレトリックの例です。

　これとは逆に、地に足のついた言葉で渇望する対象を表現すると、その対象から切り離された感じを受けて興奮するほどのものではなくなります。マルクスは、山海の珍味が出されると、過食を避けるために「これは死んだ鳥、これは死んだ魚、これは死んだ豚だ」とつぶやいていました。極上のワインも発酵したブドウの果汁に過ぎないと見るようにしていました〔『自省録』6-13〕。ストア派が用いたこういった客観的説明は、古代の医師や自然科学者が物理現象を記録したメモの記述に似ています。現代の認知療法にも、自分が科学者であるとクライアントに見立てさせる治療法があります。自分の行動変容を、好奇心、デタッチメント（関わらないこと）、客観性を用いた実験として説明してもらうものです。自分を実験対象のように見るものだとも言えます。

マルクスは「分析による価値低下」を自分の性欲にも適用しています。そしてセックスとは「体の一部をこすり合わせた後、痙攣をともなって粘液を分泌させる行為だ」と医師のような態度で表現しています。ロマンチックのかけらもない話ですが、そこがポイントです――性的衝動を和らげることを目指しているからです。とはいえ、彼には13人の子供がいたので、セックスそのものを拒絶していたわけではありません。欲望を消し去るのではなく、のめり込むことにつながりかねない不健全な、あるいは過剰になりがちな欲望を和らげることが目的だったのです。

4 別の何かを行なう

克服したい欲求を特定する、初期警告サインに気づく、一時停止して距離を取る――以上を説明してきました。ここからは何もしないようにします。言い換えれば、欲求に対してそれ以上、反応しません。欲求を行動に移す代わりに、タイムアウトになるのを待つのです。その状況が起こっている場所から離れてもいいでしょう。多くの衝動は一度に一分程度しか続きません。一日を通じて繰り返されるかもしれませんが、一度に一つの衝動や渇望を処理するだけですみます。ですので、初期の警告サインに気づいたら、それを引き起こしているのが自分の思考であることを思い出して、その思考から距離を取り、行動に移さないようにします。あるいは、健全でやりがいがある別の何かに取り組むようにします。

例えば、仕事が終わってから毎晩ワインを一杯飲む習慣があって、それがボトル一本、さらには二本へとエスカレートしていったとします。長期的に見て健康的な話とは言えません。夜の早い時間に家にいることがワインを飲む習慣のトリガーになっていることがわかっています。退屈しているときやイライラしているときに欲求が芽生え、「リラックスするにはワインが必要だ」と自分に語りかけて納得させています。その思考の流れと、それが自分の気持ちにどう影響するかもわかっています。そこで、まず「私に欲求を感じさせているのはワインではない。ワインに対する私の考え方だ」と自分に言い聞かせます。一時停止し、その感情から一歩後ろに下がって何もしないようにします（ワインを注ぎません）。そして、ワインへの欲求が衰えるまでそのままでいます。追加の誘惑があるかもしれませんがそれも長く続かないでしょうし、その都度、同じ方法を使って処理します。

ここから、何か別の行動に移ります。ワインに代わる気晴らしではなく、本物の達成感を味わえる何かを行なうのです。飲酒という習慣そのものを止める決意をしたら、家の中にあるボトルやワイングラスを処分し、代替品を買わないようにすれば誘惑が起こりにくくなります。フルーツスムージーとかハーブティーを飲むといった健康的な「代替行動」に代えてもいいでしょう。克服したい習慣の種類によって何をするかは異なりますが、やり方はわかってもらえたと思います。

このステップの目標は、行動に移さなかった習慣や欲求を、自分にとって本質的な意味を持つ、やりがいのある活動に置き換えることにあります。価値観の明確化で説明したように（112ページ〜）、ストア派の場合、徳とともに行動することがそれに当たります。しかし、何かをしなくても、悪い習慣を行動に移さないこと自体が節制という美徳であり、それ自体が評価される行為になります。マルクスは、ある特定の状況に用いることができる自分の徳または能力を何度も自問しています。これは、あなたが他の人が持つどんな特質を称えるかにも関連してくる話です。通常は、自分が流されやすい快楽に向かうのを止めることができる他人が備えている自制心や節度になるとマルクスは言います［『自省録』8-39］。私たちはジャンクフードをどれだけ食べられるかではなく、度を越して食べないよう節度を保つ人を称えるということです。

克服したい欲求をやりがいがある行動に変えるには、自分の真の価値観や他人が持つ尊敬できる特質に導かれるべきだとストア派は考えました。快楽主義的な生活は満足のいくものになりえないし、「ヘラクレスの選択」が示すように、ある種の痛みや不快感に耐えたり、ある種の快楽を放棄したりしない限り、人として開花したり、充実感を得られる何かを達成したりすることはできないものです。

この視点は、子供ができて、良い親になるとはどういうことかを考え始めるときに顕著になります。子供のロールモデルになりたかったら、まず、自分がどのような人間であり、どの資質や特質を子供に見せるか自問することになります。日々の生活の中で節度を保ちながら人格を向上させることが、快楽を追求することよりも優先されるようになるでしょう。

繰り返しになりますが、自分に望む特質と、他者が持つ尊敬できる特質を比べたときに生じるダブルスタンダードを検討すると見えてくるものがあります。その結果、ある種の喜びを捨てた方がいいという示唆に至ると最初はショックを感じるでしょう。しかし、ショックを受けながらも、忍耐力や自制心を発揮してその喜びを放棄した人に尊敬の念を感じると思います。

エピクテトスはソクラテス式問答法を用いて、人々の価値観の中に隠れているこの種の矛盾を浮き彫りにしました。自分の人生に望むものをリストアップし、それを称賛できる他の人の特質と比較する技術（123ページ）を使うと、2つの視点の間にある矛盾が明確になります。2つの価値観が相容れないことがわかると、どちらか一方または両方が弱まり、自分の価値観を特定するのに役立つでしょう。そこで他の人が持つ尊敬できる特質を追求し始めたらどうなるでしょうか？　例えば、チョコレートを食べたいという欲求が生じたら、あの人のようにそれを自制できる人間になってより健康的な選択をいつもしたいという欲求に置き換えます。ストア派にとってのゴールは、いつも喜びではなく徳にあります。とはいえ、徳に沿って行動する（ここでは自制すること）と深い喜びがそれに続くので、そこに満足を見出しているのです。

喜びの源を追加する

ストア派の喜びの感覚は、ただ1つのこと、すなわち、知恵や徳とともに行動するところからきます。マルクスはそれに加えて別の2つの喜びの源について言及しています。他人が持つ徳について考えることと、運命を歓迎することです。この3つの喜びは、ストア派の倫理学が示した3つの関係——自己との関係、他者との関係、世界との関係——に対応しています。

1　自分の中にある徳について考え、それを行使する。これまで見てきたように、マルクスは、「平静」と「喜び」は、外的なものへの執着を捨てて生きることと、賢く生きることと、特に他者との関係において正義（公正さ）を行使することから生まれると述べています。マルクスと同じように、徳に沿っていて、自分の価値観に沿った新しい行為を始めるといいでしょう。これは、知恵と徳に沿って進歩している自分を感じながら、人生の可能性を実現することによって経験する喜びであり、最も重要な喜びの源になります。

2　他人が持つ徳について考える。自分の心を喜ばせたいときは、身近な人が持つエネルギー、謙虚さ、寛大さなどの善い特質について内省する必要があるとマルクスは自分に言い聞かせていました（『自省録』6-48）。これは、『自省録』の第一巻で、家族や教師の徳を詳しくリスト化したときに行なっていることであり、こういった人たちが彼の人生に重要な役割を果たしていました。尊敬している他人の特質を書き留めたり、頭の中で視覚化したりする時間をつくって他人が持つ美徳について考えることは、有益な影響をもたらすだけでなく、それが身近にいる人であればその人との関係を改善するものになります。

3

運命を歓迎する。マルクスは今ないものを望むのではなく、すでに手にしているものの喜ばしい側面を考えた方がいいと言います。そして、それがなかったらどれほどの喪失感があったかを考えるべきだと自分に言い聞かせています〔『自省録』7-28、7-27〕。欲求の代わりに感謝の気持ちを持つことを喜びの源にするのです。欲求は、今持っていないもの、存在しないものを持っていると想像するところからきます。一方、感謝は、今持っているもの、存在するものが〝ない〟と想像するところからきます。今あるそれがなかったらどうなるでしょうか？　時折、喪失について想像しないと、例えば愛する人がいない人生がどんなものか思い出さないと、その人の存在が当たり前のものになってしまいます。感謝している人や事柄の日記をつけることからも大きな学びがあります。感謝している対象から何を学んでいるかにも焦点を当てます。ここでも対象に過度に執着しないようにします。ストア派は、外的なものや他の人々に対して私たちの力が及ばないこと、その対象がいつかは去っていくことを思い出すことで執着に陥らないようにしていました。人生が与えてくれた贈り物に感謝しますが、それが単なる借り物――すべては変化し、永遠に続くものは何もありません――に過ぎないことを忘れないようにしたのです。エピクテトスは、宴席で取り分けて食べる料理皿が廻ってきたシーンを生徒たちに想像させ、皿を抱え込んで貪欲にたくさん取るのではなく、慎み深く適切な量を取り分け、残りを次の人に渡すようにと言いました。それが、外的なものに過度に執着することなく感謝することを目指そうとするストア派の人生観なのです。

ここまで、不健全な欲求や習慣を取り除いて健全な喜びをどう見つけていくかについて見てきましたが、以上のガイダンスを、「学習サイクル」に適用することもできます。事前に、ある習慣や不健全な欲求を続けることと克服することの長所と短所を書き出しておきます。目を閉じて、2つの道がその先に続いている分岐点を視覚化します。最初に、その習慣や不健全な欲求を追求する道の先にある未来を描きます。次に、理性的にそれを克服していくもう一方の道の先にある未来を描きます。日々のルーティンである学習サイクル（117ページ）は次のように調整します。

1　朝の内省　太陽や星々の純粋な光を思い出す。果てのない宇宙と永遠の時間の流れの中に存在している自分のはかなさと大切さについて考える。ソクラテス、ゼノン、マルクス・アウレリウス等、自分のロールモデルが習慣や欲求にどう対処するかを想像しながら、その日の重要な出来事についてメンタルリハーサルする。その習慣や欲求を乗り越えるために自分が持っているどの徳や能力を適用するかを考える。

2 日中　克服したい習慣や欲求の初期サインに気を配るストイック・マインドフルネスを行なう。サインをいち早くキャッチし、その芽を摘み取るようにする。一時停止し、欲求や習慣から離れることによる不快感などを〝無関心〟に受け入れる。自分の思考と認知距離を取り、感情に基づいて行動しないようにする。代わりに充実感につながる健全な行動を行なう。

3 夜の内省　一日の終わりに、どれだけ自分の価値観——徳——に沿って行動できたかを評価する。欲求について、うまくいったこと、いかなかったこと、次の日にはどう変えられるかを考える。以上の内容を、ストア派のメンターや数名の賢人たちの前で答えている自分を想像してもいい。彼らがどうアドバイスしてくれるかを考える。夜の内省で気づいた内容を、翌日の朝の内省に役立てる。

次の章から見ていくように、欲求を克服するために使ったルーティンやテクニックは、痛み、不安、怒りなど、人生の他の課題にも応用できます。したがって、同様の技術を少し違った方法で用いることになります。

第5章

イラクサをつかむ

痛みと和解する方法

慢性的な健康問題を抱えていたマルクスは、体が強くないことで知られていた。一方で、精神的に立ち直る力が並外れていた。歴史家のカッシウス・ディオは次のように書いている。

身体的に優れた能力と呼ばれるものの多くを彼は示すことができなかった。しかし、極めて脆弱な体を優れた持久力を持つものへと開発していった。

〔『ローマ史』〕

パラドックスのようなこの話は、どう説明したらいいのか？　なぜ、病弱な男がタフで持久力を持つ男として知られるようになったのか？　おそらく、その答えは、痛みや病気を克服するために彼が用いたストア哲学の〝心理療法〟にある。

第一次マルコマンニ戦争が始まったとき、マルクスは、ローマ時代の基準で言えば老人に分類される50歳近くになっていた。その年齢にもかかわらず軍のマントとブーツを身に着けて、最前線に身を置くことになったのである。行き先は、アルプスの向こう側、カルヌントゥム（現在のオーストリアにある）の軍団駐屯地だった。カッシウス・ディオによれば、体が弱かったマルクスは、当初、北の気候に耐えられず、集まった軍団を前に演説することもままならなかったと言う。手厚く遇せられる皇帝という地位にあっても、そこは過酷な環境だった。多くの男たちが密集する軍の駐屯地は、疫病が蔓延しやすい環境でもあった。それでもマルクスは、詩人エウリピデスの「戦争は呪いを次々と連れてくる」を引用しながら、予期していたかのように北部辺境での苦難を受け入れていったのである。

健康上の問題を抱えながら、マルクスはドナウ川沿いに駐屯する軍団を10年以上指揮している。『自省録』の中で、酷使した肉体が長い間持ちこたえてくれたことを神々に感謝しているが［1-17］、2度のマルコマンニ戦争と疫病に耐えながら、そこまで生きる同時代人が少なかった60歳近くまで生きたのである。軍事生活への突然の移行、それは彼にとって肉体的な意味で途方もない挑戦だった。『自省録』の中で、身体問題をどう扱うかについての心理的葛藤が繰り返されるのは当然のことだと言えるだろう。とはいえ、マルクスはこういった内なる戦いに備えてストア哲学を実践してきていた。ストア哲学の心理的戦略を用いて痛みや病気に耐える技術も学んでいた。そのため、戦争という逆境の場で書かれた『自省録』は、当時も進行中だったストア哲学の訓練内容と、30年以上この哲学に親しむことで到達したマルクスの心の状態が凝縮されたものになっている。北部辺境における彼の姿勢は自然に身についたものではなく、学ばなければならないものだったのだ。

マルクスの内面を知ることができる資料は『自省録』だけではない。19世紀初頭、イタリアの学者アンジェロ・マイが、マルクス・アウレリウスと修辞学者マルクス・コルネリウス・フロントの間で交わされた手紙を発見している。個々の手紙の日付を正確に特定することはできないが、それはマルクスとフロントが親しかった全期間にわたっていて、フロントが亡くなる167年頃まで続いている。

これらの往復書簡が研究者たちから注目されたのは、マルクス本来の人となりを垣間見ることができるものだったからだ。ストイシズムの厳格な実践者という一般的なイメージと違って、マルクスはフロントや彼の家族に対して底抜けの温かさを示している。文章もカジュアルでユーモアに溢れている。例えば、一般市民の格好をして仲間たちと田舎で乗馬を楽しんだときのことが記されている。羊飼いが「この悪党ども！」と無礼な言葉を仲間たちに浴びせかけたので、マルクスは仲裁に入るふりをしながら羊の群れに突っ込み、群れを散らす悪ふざけをしている。羊飼いは棍棒を投げつけて怒鳴り、みんなでその場から一目散に逃げ出したとフロントに報告している。このお気楽な手紙を書いた若者が、20年後、凍てつく戦場に散乱する切断された首や腕や脚を見ながら、ストア哲学的な考察を書き留めている姿を想像するのは難しい。

これらの手紙には、『自省録』とは対照的な内容が他にも確認できる。健康状態についての世間話や愚痴が飛び交っているのだ。フロントはマルクスより20歳ほど年上で、体のあちこちの痛みをマルクスに訴えるのが好きだった。例えば、夜になると痛み出す部位――肩、肘、膝、足首――をリスト化し、自分の手で手紙が書けなかったことを訴えている。

別の手紙では、

あなたが出発した後、膝の痛みにつかまりました。軽かったので注意すれば歩けるし、馬車に乗ることもできます。今夜は痛みが激しいものの、横になれば耐えられます。これ以上悪くならなければいいのですが。

と書いている。マルクスも、自分の健康問題を引き合いに出して応じている。

今の私の健康状態は、この震える筆跡を見ればわかると思います。確かに体力は回復しつつあり、胸の痛み以外は残っていません。しかし、潰瘍が気管に悪さをしています。

皇帝になる前にマルクスが書いた手紙には、彼が治世を通じて悩まされる症状が、40歳になる頃には、あるいはもっと前から出ていたことが示されている。それらの手紙には、10年かそれ以上後に書かれることになる『自省録』に見られる痛みや病気に対するストア派の対処法は見当たらない。

若い頃のマルクスは健康で、体を動かすことが好きな青年だった。剣闘士たちから戦闘訓練を受けていたし、狩猟にも盛んに出かけていた。馬上からイノシシを狩るのを好み、網や槍を使って鳥を狩る〝野鳥狩り〟もやっていた。

しかし、年齢を重ねるにつれて体が弱くなっていったので、そのイメージが後世に伝わったようだ。例えば、4世紀のローマ皇帝ユリアヌスは、マルクスの肌は薄く透き通っていたと書き残している。マルクスもある演説の中で、自分のことを「痛みなしに食べることも、ぐっすり眠ることもできない弱った老人」と表現している。特に悩まされていたのは慢性的な胸と胃の痛みだった。そのため、深夜に少量の食事を摂ることしかできなかった。症状から考えると慢性胃潰瘍だった可能性が高く、それ以外にも複数の健康問題を抱えていたのである。

ローマで疫病が最初に発生した後、侍医であるガレノスが、没薬《もつやく》、発酵させた毒蛇の肉、少量のアヘンといった数十種類の材料からなるテリヤックと呼ばれる薬をマルクスに処方している。これを定期的に服用すれば、胃や胸の痛みなどの症状に耐えられるとマルクスは信じていた。しかし、痛みや不快感から完全に解放されることはなく、別の方法を探さなければならなかった。結局、健康問題を抱えながら激務をこなすには、ストア哲学の心理的手法に頼らざるを得なかった。特に、ドナウ川沿いの駐屯地に赴いた後の大変な状況に対処するには、それが欠かせないものになっていった。

アントニン・ペストやマルコマンニ戦争を経験する中で、マルクスは他の人たちよりもうまく苦痛に対処している人たちの姿を目の当たりにしていた。彼は、そういった模範的な一握りの人たちが激しい痛みや病気にどう耐えているかも学んでいった。『自省録』には、彼らの知恵をストア哲学のレンズを通して蒸留した内容も記されている。

フロントへの手紙の中でのマルクスとは対照的に、『自省録』の中でのマルクスは、賢者は悲劇的な態度を取ったり、降りかかってくる現実に泣き言を言ったりすることはないと断言している。これらは、ストア哲学の教師たち――レジリエンスの手本を示してくれた人たち――を念頭に置いて書いた文章だと思われる。例えば、カルケドンのアポロニオスが激痛と長い闘病生活に耐える姿は、生涯忘れられないほどの印象をマルクスに残している。アポロニオスは、どんな状況にあっても平静を保ちながら、知恵を得て、それを人々と共有するという人生の目標に向かって努力し続けていた〔『自省録』1－8〕。

ストア主義者のクラウディウス・マクシムスからも大きな影響を受けている。『自省録』でマルクスは、マクシムスの病気と死について3度言及している。マクシムスも大病を患いながら、決然と知恵を追求し続けた。ストイシズムに傾倒していたがストア派の教師ではなく、高位の政治家であり優れた軍事司令官だった。マルクスの言葉を借りれば、自らの意志で直立しているタフで強い自立心を持った人物だった。どんな苦境にあっても意志がぶれることがなく、快活さを保っていた〔同1－15〕。

マルクスはマクシムスをアントニヌス帝と比較しているようにも見える。二人は痛みに際して、きまって人格の強さや自己規律、忍耐力を示した。健康に気を配っていたアントニヌスは、医師の助けを必要とすることがほとんどなかったが、ひどい頭痛に悩まされていた。また、年を取るにつれ、胴体をまっすぐ保つのに添え木が必要になるほど腰が曲がってしまった。マルクスは、養父が頭痛の発作の後でもすぐに気力を回復し、皇帝としての務めに戻っていくことに気づいていた。頭痛を愚痴ったり、それを理由に時間を無駄にしたりすることがなかった。マルクスは『自省録』の中で、アントニヌスが74歳という高齢で穏やかに亡くなったときのことを振り返っている〔同1－16、6－30〕。マクシムスもそうだったが、アントニヌスも常に運命に満足していて、朗らかだった。死の間際、最後の息で「平静に」という言葉を衛兵に囁いたと言われているが、この言葉は彼の人柄と治世を象徴するものでもあった。痛みや病気に対するマルクスの態度は、マクシムスやアントニヌスの人物像を研究することで形成されたものであることは明らかだ。そして、高尚なレトリックを好むあまり、誰にも起こりうる痛みや病気を個人的な悲劇に変えて不満を増幅させるソフィストたちのような態度は取らないようになっていった。

マルクスはストア哲学者だったが、痛みや病気に対処する方法について、意外なところからヒントを得ている。ストア派のライバルともいえるエピクロス派からだ。エピクロス派は、幸福な人生は快楽（ヘードネー、hedone）にあると信じていた。しかし、彼らがいう快楽は享楽的なものではない。それは、痛みや苦しみから解放された状態にあると説明している。いわば、逆説的な〝快楽〟だ。そのため、痛みや病気による精神的苦痛を最小限にすることがとりわけ重大な課題になっていた。

マルクスはエピクロスが500年前に書いたとされる手紙を引用している。別の資料から、エピクロスは重度の腎臓結石を患っていて、赤痢によって死に至ったことがわかっている。

病気になったときの私が、肉体的な苦痛について話すことはありません。見舞い客が来てもそんな話はしません。話題はいつも通り、哲学についてです。特に、哀れな肉体の中で起こる動揺を心が認めながらも、なぜ、特定の善を保っていられるかについて議論します。医師たちにも何か重要なことをしているような態度をとらせません。ですから、私の人生は今まで通り順調に、そして幸せに進んでいます。

［『自省録』9－41］

フロントと自分がかつてやり取りしていた手紙の内容と、このエピクロスの手紙の内容の対比に、マルクスが感銘を受けたのは間違いない。エピクロスが強く警告していた「肉体的な苦痛」についてのおしゃべりや不平不満を自分自身がもらしていたからだ。体調が悪いときのエピクロスは、症状について愚痴ったり、くよくよ悩んだりして時間を無駄にしなかった。それどころか、自分の病気を、体が痛みや不快感で動揺していても特定の善（エピクロス哲学における善である魂に動揺がないこと）の状態にいられることを証明する機会として利用した。そして、自分が好きなことをやり続けた。つまり、友人との哲学論議に興じたのである。

この手紙を引用しながら、マルクスは病気や痛み、その他のどんな逆境に際しても、エピクロスのように知恵の追求に集中するよう自分に言い聞かせている。また、エピクロスのアドバイスは、ストア派だけでなく、すべての学派で共有すべきものだとも述べている。哲学を志す者の主な関心事が、この瞬間から次の瞬間へと自分の心をどう使用しているかにあるからだ［同9－41］。

マルクスは『自省録』の中で、エピクロスの考え方を何度か取り上げている。エピクロスは、「痛みは、急性か慢性のいずれかであり両方ではない。だから、常に耐えられることを思い出せ」と述べている。教父テルトゥリアヌスは、この考えを端的にまとめ、「小さな痛みは見下せる、大きな痛みは長続きしない」と言い換えている。つまり、慢性的な痛みには「この程度だ。もっとひどい痛みになっても耐えられる」、ひどい痛みには「長くは続かない」と自分に言い聞かせるようにする。「慢性的で激しい痛みもある」と反論したくなるかもしれないが、マルクスは同じエピクロスの言葉を「耐えられぬ痛みは私たちを死に導くが、長引く痛みなら耐えることができる」と言い換えた〔7-33〕。つまり、耐えられぬ慢性的な痛みであれば死に至るわけで、耐えられているならもっとひどい痛みにも耐えられるということだ。〝ストイック〟すぎて受け入れがたい人もいるだろう。しかし、エピクロス後の二千年以上にわたる多くの人々がそうであったように、長年、慢性的な痛みに苦しんでいる私のオンラインコースの参加者は、この格言が大きな助けになっていると言う。もちろん、訓練しなければ、痛みに対してこのような態度は取れない。それは、不健全な習慣や欲求を克服するのに訓練が必要になるのと同じことだ。

古代の人たちはなぜこういった考え方で痛みに対処しようとしたのだろうか？　痛みにあがいているとき、人は、もう対処できない、制御不能だという考えに焦点を合わせている。「これ以上、耐えられない！」は、一種の「破局視」だ。最悪のシナリオを演じているために心が圧倒されている。しかし、痛みの持続時間や強さには限界がある――そこに焦点を移せば、破局視による否定的な感情に押しつぶされることはない。痛みから距離が取れ、対処してやろうというマインドセットに入ることができる。エピクロスはそう言っているのだ。

マルクスは、痛みが広範囲に浸透していく感じをそのままにせず、体の特定部分に限定されていると考えることが役に立つことを見つけている。痛みは心を支配して、人生のすべてになりたがる。痛みをうまく扱う人は、自分の痛みを客観的に捉えるだけでなく、限定的なものとして捉えようとする。そうすることで痛みに侵食されるのではなく、痛みに対処している自分をイメージしやすくしている。

マルクスはエピクロスの言葉にストア派的なひねりも加えている。「痛みには限界があることを忘れないようにする。想像力を使って痛みを大きくしなければ、耐えられないものにも、永続するものにもならない」と［7-64］。苦痛に対する私たちの態度が動揺の大きさを決めていることを忘れなければ、苦痛に耐えやすくなるという意味だ。痛みや病気そのものではなく、それらに対する思いが私たちの現実をつくっている。この視点がストア派の疼痛管理の主要な手段になっている。

他の身体的な不快感も、同じ方法で対処できるとマルクスは言う。そして、個人的に悩んでいた「食欲不振」や「眠気」にもこのやり方を用いていた。また、過酷な暑さにも言及していて、そこには暑さや寒さに耐える能力を身につけようとしたシニシズムの影響が見られる。単に、「君は苦痛に降参している」と自分に言うこともあった〔『自省録』7-64〕。ドナウ川沿いで吹雪の中にいるときも、軍事基地がある北イタリアから駐屯地があるドナウ川沿いまで何日も馬で走るときも、同じやり方で対処していた――痛みも、不快感も、疲労感も、すべてが好ましくない感覚に過ぎないと考えて。

彼は正しいやり方を用いていたと言える。苦痛を扱うときは、それがとても強い痛みであっても、他の不愉快な感覚を扱うときのスキルが使える。例えば、ジョギングや筋トレをやるときも同じやり方を用いて疲労感や不快感などへの耐性をつけていく。冷水を浴びる訓練をやるときも同じだ。好ましくない感覚に対してこういった接し方をしていれば、不意の痛みや不快感にも耐えられるようになる。つまり、日常にあるちょっとした体の不快さに耐えていれば、レジリエンスを構築することができるのだ。これをストレスの予防接種と呼んでもいいだろう。大きな負荷を少量、またはより軽くして、それに繰り返しさらされると、大きな負荷に対する抵抗力がついていくからだ。

マルクスは、周りにいる人たちがさまざまな病気にかかり、さまざまな姿勢で死に臨んでいくのを目の当たりにしていた。また、ストア派の教師から、病気や死に際したときの対処戦略を学んでいた。痛みや病気とうまく付き合っている人たちに共通していたのは、体の感覚から心を「引き抜く」、あるいは「分離する」能力だった。「認知距離」についてはすでに何度か紹介している。それは、出来事や感情に対する価値判断を保留し、その感情を善いものでも悪いものでもないもの、最終的には無害なものとして眺めることだ。そうできるようになるためには、もちろん訓練が必要になる。

マルクスは、主にエピクテトスの教えを通してこの技術を学んでいる。ストア派の忍耐力についての最も有名なエピソードの一つがエピクテトスの身に起こっている。彼はもともと、皇帝ネロの護衛官であるエパプロディトスが所有する奴隷だった。キリスト教神学者のオリゲネスによれば、ある日、怒りにかられたエパプロディトスがエピクテトスをつかまえて、ひどく脚をねじった。エピクテトスは反応せず、完全に落ち着いていた。「骨が折れそうだ」と主人に警告しただけだった。エパプロディトスがねじり続けると、まさにそれが起こった。エピクテトスは文句を言うどころか、当然のことのように、「どうです、折れると言いませんでしたか?」と主人に声をかけたという。

エピクテトスは『提要』の中で、自分の脚が不自由であることをほのめかしている。しかし、その原因については言及していない。代わりに、自分の不自由な脚を例にして、病気への対処法を生徒たちに教えている。病気は私たちの体の自由を妨げる。しかし、私たちが同意しない限り、意志の自由を妨げるものにはならないと。そして、脚にとっての障害が心にとっての障害になることはないのだと断言している。エピクテトスは、不自由な脚を「自分次第にはならない」多くの事柄の一つとして受け入れていた。そして、その不自由さを、知恵と人格の強さを訓練する機会に変えていた。数年後に解放奴隷として自由を得た後、エピクテトスは哲学を教え始め、ローマ史上最も有名な教師になっていく。この出来事は、ストア派の人々の「肉体的な苦痛に対する無関心」を示す有名なエピソードであり、つくり話でなければマルクスも知っていたはずだ。

痛みと和解する

痛みや不快感を悪いものだと考えるのは自然なことかもしれません。そのため、それが善でも悪でもないことを説くために、ストア派はさまざまな議論を展開しています。例えば、痛みが他の外的な事柄と同様に、賢明にも愚かにも、善にも悪にも利用できる点を指摘します。アスリートは強度が高い身体運動にともなう痛みや不快感に耐えようとします。ハードなエクササイズがもたらす痛みや不快感に意図的に身をさらすことが、筋力や持久力をつける上で有益な行為になるからです。もちろん、不快感を避けようとする人は、その類のエクササイズをやろうとはしないでしょう。

痛みや不快感は、それが自分の強さを開発する機会になるのであれば有益なものになります。普段はそういった感覚を避けている人も、自分の命を守る代償になるのであれば無頓着になるはずです。マゾヒストのように、痛みを楽しむ人たちもいます。つまり、痛みは単なる知覚であり、私たちがどう反応するかによって意味が変わるものなのです。

『語録』には、エピクテトスが痛みに対処する方法を生徒たちに伝える場面が何度も出てきます。エピクテトスも、エピクロスと同じように、痛みを含めた自分の問題について不平を言いすぎたり、考えすぎたりすると問題を悪化させるだけでなく、人格を傷つけると信じていました。認知療法の現場でも、「耐えられない！」と自分に言い聞かせると、苦痛がエスカレートすることが確認されています。状況をもっと合理的、客観的に見て、今できる対処法や、過去に同じような状況を乗り越えた経験などを考えると痛みが軽くなります。自分が痛みに対して用いているレトリックを観察し、絶望感を増幅させる「耐えられない！」といった誇張表現を自分に言い聞かせないようにする必要があります。

エピクテトスは、頭部の一部が痛いときに、一歩進んで「頭が割れそうだ！」と言ってはいけないと生徒たちに教えました。一か所の痛みを頭部全体の大惨事にしてはいけないということです。うめき声を上げる自由を否定しているのではありません。害されているという考えに同意してそれを大事《おおごと》にし、さらに、内面的な〝現実〟にしてはいけないということです。エピクテトスは奴隷でした。そのときのことを例に挙げ、ある奴隷が包帯を持ってくるのが遅いからといって、「みんな私を憎んでいる」と大声で嘆いて自分を苦しめる主人は感心できないと話しています（そして、「このような主人を憎まない奴隷はいないでしょうね」と皮肉っぽく付け加えています）。痛みなどの不快な感覚に対する実践的なアドバイスとしては、「私には関係ないことだ」と言いながら対応すればいいと生徒たちに勧めています。エピクテトスといえども、これは言いすぎでしょう。可能ならば、痛みや病気を避けることを「好む」のがストア派だからです。しかし、すでに起こっていることであれば、その事実を無関心に受け入れる方がいいのは間違いありません。

マルクスも、痛みや病気を無関心に捉えるためのストア派の戦略について、以下のような対処法を挙げています。これらの戦略のほとんどは、エピクテトスの『語録』の影響を受けています。

1　「認知距離」を取って、痛みから心を切り離す。自分を動揺させているのは感覚ではなく、その感覚に対する自分の判断であることを思い出す。

2　痛みへの恐れは、痛みそのものよりも害が大きいことを思い出す。また、機能分析（152ページ参照）を用いて、痛みを恐れ続ける結果と、痛みを受け入れる結果を比較する。

3　体の感覚を感情的な言葉ではなく、客観的な言葉を用いて表現する（「死にそうに痛い！まるで象に何度も頭を踏みつけられているようだ」ではなく、「額の辺りに圧迫感がある」と表現する）。

4　感覚を要素に分け、その痛みを体の中の該当箇所に限定する。さらに、分析による価値低下（160ページ参照）を加えて痛みを中和させる（「最悪の頭痛だ！」ではなく、「耳の中に生じたり消えたりする拍動性の感覚がある」と表現する）。

5　痛みを、期間が限定されているもの、変化していくものとして見る。あるいは出来事のはかなさを内省する対象にする（「この感覚は数秒間だけピークに達し、その後、消えていく。それが繰り返されている。おそらく数日で消える」）。歯痛のような急性の痛みに対しては、治療に行けば消える痛みであることを思い出す。慢性坐骨神経痛などの長期的な痛みに対しては、一時的に悪化することがあるものの、それ以外は痛まない。過ぎていく痛みであることを思い出すと感じ方が違ってくる。

6　痛みに対する葛藤を捨て、自然なものとして無関心に受け入れる（ストイック・アクセプタンス）。痛みを抑える薬を服用するといった現実的な措置を否定しているわけではない。憤ったり感情的にもがいたりせず、痛みと共存していく方向を目指す。

7 痛みを乗り越える勇気と忍耐力が自分に備わっていることを思い出す。

各項目について順番に見ていきましょう。

認知距離

エピクテトスとマルクスが最も重要視したペインマネジメント法は、痛みに対して「認知距離」を取ることでした。それは、「私たちの動揺は出来事そのものからではなく、出来事に対する私たちの判断から生まれる」という言葉に要約されています［『提要』］。それに痛みを当てはめると、私たちを動揺させているのは痛みではなく、痛みに対する私たちの判断であるということになります。つまり、痛みに価値判断を割り当てるのを止めれば痛みは軽くなります。そして、どのような状況にあっても、私たち次第でそうすることができます――感覚に意識をどれだけ割り当てるかを選択しているのが、まさに私たちだからです。

マルクスは、この場合の価値判断の停止を、身体感覚からの精神の「撤退」、あるいは「分離」、または「浄化」（カタルシス）と表現しています。さらに、痛みを、それが生じている体の領域に放置することだとも説明しています。体が「切られたり、焼かれたり、化膿したり、腐敗したり」しても、そこで生じる感覚を善いか悪いか判断することを控えれば、心を支配する理性を安らかな状態に保つことができると〔『自省録』4-39〕。マルクスは、痛みに対するこの接し方を「無関心であるべきものに対する無関心」と呼んでいます〔同11-16〕。

別の箇所では、心を支配する部分（理性）は、痛みを含めた体の感覚に煩わされないように保つ必要がある、そうするには感覚に心を一体化させてはいけない、心の周りに境界線を引き、その境界線の外に体の感覚を置いて遠くから眺めるべきだとしています。また、痛みなどの感覚に対して強い価値判断を下すと、その感覚と心が融け合って苦しみの中に心が迷い込むとも述べています。

痛みを否定せよと言っているのではありません。体の痛みは必然的に私たちの意識の中に入ってきます。それをあくまで自然なものとして眺め、抑制したり、善か悪か、有益か有害かを判断したりしてはいけないという意味です。この微妙なバランスを理解することが、不快な感覚を無理に抑えたり、将来を悲観したりしないためのペインマネジメント法として使われるようになったマインドフルネスや認知療法にとって大切な考え方になっています。

マルクスは、「害」というレンズを通して痛みや病気を見ることがないよう心を砕いていました。私たちが下した「害」という価値判断は、体の感覚や外部の出来事に投影されていきます。何が有益で何が有害かは、その人が目標とするものによって決まります。ほとんどの人は、自分の人生の目標を当たり前のものとして受け入れていて、ふだん、あまり意識することがありません。ハンサムに見えることが目標であるとしたら、鼻が折れることは有害な出来事です。しかし、災害が起こって生き残ることが目標になると、死を免れる代償として鼻を折ったとしても、それは比較的無関心な出来事に格下げされます。ストア派は、一般的な価値観を根底からひっくり返し、知恵しそれにともなう美徳とともに生きることを至上の目標にしています。そのため、肉体的な痛みや病気などに対しては無関心であろうとします。むしろ、不幸な出来事であっても、知恵と人格の強さを訓練する機会として利用することを目指します。マルクスは自分にこう言い聞かせています。

価値判断を取り除いて、「害を受けた」という思いを取り除け。「害を受けた」という思いが取り除かれると、その害自体が取り除かれる。

〔『自省録』4-7〕

ストア派は身体的な健康に関心を持たないのでしょうか？　そうなのです。彼らはそれを好ましい無関心に分類します。病気よりも健康を好むのは自然なことであり、合理的でもあります。身体的な健康は、意志力を養ったり、外部の事柄に影響を与えたりする機会を増やします。しかし、健康自体は善いものでも悪いものでもなく、〝機会〟に過ぎません。その〝機会〟を悪徳に溺れて浪費することもできます。一方、賢明な人は、健康であろうと病気であろうと美徳を行使する〝機会〟として利用します。脚を折られたことが哲学者への道を歩むきっかけの一つになったとすれば、エピクテトスは「害を受けた」のでしょうか。彼は、「最終的に問題になるのは、自分が自分の人格に及ぼす害だ」と言うはずです。人格に影響する害と比べれば、脚が折れたことはエピクテトスにとってささいなことだったのです。

痛みが恐ろしいもの、有害なものであるという判断を取り除けるようになれば、痛みの恐ろしい仮面が剝がれます〔『語録』〕。エピクテトスが好んで言っていたように、私たちの肉が〝粗く〟刺激されているという観察が残るだけになります。それはただの感覚です。しかし、そこに悪いもの、耐え難いもの、破局的なものだとする〝判断〟を加えると、身体的な痛みが、感情的な苦痛という内的な動揺へとエスカレートします。マルクスは体に起こった感覚に対して頓呼法（抽象的な概念に語りかける技法）を用いて、次のように命じています。

立ち去れ、来たように。私はお前を必要としない。昔ながらの習慣通りにお前はやって来た。だから怒ってはいない。立ち去ればそれでいい。〔同7-17〕

ここで痛みに対して「怒ってはいない」と言っているのは、痛みを悪いものとか有害なものと考えていないからです。それは、感覚を通って心に〝やってくる〟、私たち人間が動物と共有している生理学的プロセスがもたらすものであり、この〝昔ながらの習慣〟は、ごく自然なものと言えます。ですから、抑制したり抵抗したりする類のものではなく、「悪いもの」であるという思い込みを捨てるべきものです。そして、無関心に受け入れれば害がないものになります。理性という心を支配する部分が痛みを重要視しすぎると、痛みと理性が混じり合い、痛みが心を操り人形のように動かすことになります〔『自省録』10-24〕。しかし、生じた痛みから距離を取って無関心にその感覚を眺める能力を育めば、そういったことはなくなります。

機能分析

認知距離を取ると、自分が下す価値判断がもたらす結果を考える余裕が生まれます（機能分析）。否定的な価値判断が苦しみを生み出すので、痛みへの恐れは痛みそのものより人格に害を及ぼすとストア派は言います。対照的に、痛みを無関心に受け入れることを学べば、害ではなくなります。エピクテトスは、これを「痛みや死が恐ろしいのではなく、痛みや死を恐れることが恐ろしいのである」と簡潔に述べています〔『語録』〕。人生を十分に生きるには、コンフォートゾーン（快適ゾーン）から出なければなりません。痛みへの恐れは私たちを臆病にし、人生の可能性を制限することにつながりかねません。

行動を変えたいのであれば、恐れがもたらす負の影響をしっかり把握することが大切です。例えば、血液恐怖症の人は必要な医療検査を受けることを怖がります。一部の女性にとって、それは出産の障害にさえなっています。実際、程度の差こそあれ、ほとんどの人は痛みや病気に対する恐れを抱いています。痛みに対する恐怖が痛みそのものよりも自分に害を与えていることに気づくと、痛みや不快感を無関心に受け入れる技術を学ぶ動機付けになると思います。

客観的表現

マルクスは、痛みなどの感覚についての自己対話を、客観的表現を用いて行なうようにしていました。先に述べたように、これは医師が患者の症状を記録するときの、中立的で冷静な表現法に似ています。エピクテトスもマルクスも、痛みをともなう不快な感覚を、肉に生じる〝粗い〟動き、あるいは興奮と表現しています。

こういった考え方（客観的表現）は、事象の核心に到達して、その本質を貫き、その事象がいったい何であるか、ありのままの姿が見えるようにさせる。
〔『語録』〕

それは自分からその問題を切り離し、他人の問題を客観的に説明している感じになります。

私なら「歯医者さんがドナルドの歯を治療している」と自分に言い聞かせることになります。こうすれば情動を刺激することなく、第三者的な視点から出来事を考えることができます。

分析による価値低下

マルクスは、未来を心配したり過去を反芻したりすることで、心が征服されないよう気をつけていました。今に焦点を当てると「現実」は克服しやすくなります。出来事を客観的に捉えて、今という瞬間に切り分けて小さな部分にする「分析による価値低下」を用いると、一つずつ課題に取り組めるようになります。例えば、今感じている苦痛だけを対象にして、「この中の何が耐え難く、限度を超えているのか」と自問します〔『自省録』8-36〕。過去と未来への考えを脇に置き、分離した「今、ここ」に集中すれば、出来事が私たちを苦しめる力が大幅に弱まるのでとても扱いやすくなります。

この〝分割統治戦略〟は、現在の認知行動療法でも不快な感情を扱うときに用いられています。圧倒されている体験を〝そのとき〟に分割して、一歩ずつ乗り越えていくようアドバイスするのです。ストア派は、この視点と、「空からの眺め」（第8章を参照）と呼ぶ視点の間を行き来します。「空からの眺め」は、文字通り、自分が置かれている状況をはるか上空から眺めることを意味します。地球上の生命全体の中で起こっている出来事、あるいは永遠の時間と無限の宇宙の中で起こっている出来事として眺める場合もあります。一方は出来事を小さなパーツに分けて対処する方法で、もう一方は大きな存在の中に占める自分の状況の小ささを想像して対処する方法です。どちらも、痛みや病気といった「自分次第ではない」出来事を無関心に見るときに役立つものになります〔同11-16〕。

有限性と一過性

痛みをともなう感覚や症状を客観的な言葉で表現し、それを今という単位で分析する――ここまでできると、痛みを体の特定部位に限定されたものと見なせるようになります。マルクスは痛みを、そう感じている部位に属するものだと考えるようにしていました。つまり、知らない間に必要以上に意識の中で広がっていく痛みを、狭い範囲内で捉えるようにしたのです。そうすることで、痛みを、遠く離れた「あちら側」にあるものに変えていました。

必要であれば、痛む患部に文句を言わせればいいと彼は言います。しかし、心がその文句に同意して、痛みを悪いもの、有害なものだし判断して付き合う必要はないと〔同7-16、7-14〕。体の痛みは、怒った犬が吠えているようなものですが、一緒になって自分の痛みに向かって吠え始める必要はないのです。痛む感覚が体の中の特定部位に限定されたものだと考えることは、常に「自分次第」で選ぶことができます。心配したり、何度も思い出したりすることで、その感覚と融け合うのではなく、そのままにしておくことを選ぶだけでいいということです。

肉体から精神を撤退させれば、安らぎは保たれる。心を支配する部分（理性）に害が及ぶこともない。実際に痛む箇所には、心が影響を受けない範囲で好きなことを言わせておけばいい。

〔『自省録』7-33〕

今日の認知療法では、肉体的な痛みを含めた苦痛を黒い円といった任意の形や色で表現してもらうことで痛みを客体化します。感覚の「物理化」と呼ばれるこの方法は、身体の特定部位にある感覚を、離れた場所から観察するのに役立ちます。窓ガラス越しに体の痛みとか病気の症状を見ているようにイメージしたり、痛みが一時的に体の外に抜けて部屋の反対側にあるようにイメージしたりするやり方もあります。

マルクスは、不快な感覚を持続時間的にも制限しました。彼は、この戦略を「自分の力が及ばないもの」全般に用いましたが、特に痛みをともなう感覚や病気の症状に耐えるときに使っています。これは、エピクロスの「急性の痛みは一時的なものである」という考えに似ています。エイブラハム・リンカーンが引用したペルシアの格言、「これもまた過ぎ去ること」も同じことを意味しています。過去にどれだけ多くの不快な感覚が来ては去って行ったでしょうか？ それを思い出して、感覚の〝はかなさ〟に光を当ててもいいでしょう。

この観点は、〝自分の力が及ばないもの〟に対する〝無関心〟を育むためのマルクスお気に入りの方法でした。出来事を川の流れのように変化するものと見なせば、その出来事にまとわりつく感情的な執着を弱めることができます。折に触れて、マルクスは自分自身のはかなさ、つまり自分の死についても内省していました。人生は短く、やがて終わりがきます。苦痛が私たちの注意を引く時間は限られている――そう思い出すことが、痛みをともなう感情を無関心に眺めることを可能にすると彼は言います〔同11－16〕。

ストイック・アクセプタンス

エピクテトスは、病気とか痛みをともなう感情が降りかかってきたら、積極的に受け入れるべきだと言いました。足に心があれば、一歩を踏み出すごとに進んで泥まみれになり、それを自然なこととして受け入れるだろうと〔『語録』〕。これは初期のストア派の比喩である「荷車に従う犬」を思い起こさせる考え方です。動く荷車につながれた犬には、リードを引っ張って乱暴に引きずられていくか、運命を受け入れて荷車の横をスムーズに走るかの二択しかありません。実際、初期のストア派は、人間の幸福は、不必要な抗いがない「スムーズに流れる」人生にあると考えていました。認知行動療法（ＣＢＴ）においても、不快な感情を根本から受け入れてもらうことが前提になります。痛みは、それに抗うとひどくなるものです。不快な感情に対して、抑えよう、コントロールしよう、排除しようとあがくと、苦痛に別の層が加わり、もともとの痛みが悪化することが多いからです。逆に、その感覚を受け入れてリラックスしたり、むしろ喜んで迎え入れたりすれば、負担が軽くなることがわかっています。

マルクスは、自然を医学の神であるアスクレピオスにたとえ、苦難を「自然が処方した痛みをともなう治療薬」として扱っています〔『自省録』5-8〕。運命が用意したその薬を服用するには、運命を受け入れ、勇気と自制心などの徳を用いて対処する必要があります――そうすることで人格を向上させようとしたのです。苦難を自発的に受け入れることを、マルクスは情念を和らげる心理療法としても捉えています。

この点でストア派は、キュニコス派の「自発的な苦行」に影響を受けていました。キュニコス派は、レジリエンスを高めるために、故意に猛烈な暑さや寒さなどの不快感に身をさらしていました。不快感を自発的に受け入れていると、苦しみをあまり感じないようになります。キュニコス派のディオゲネスは、「痛みをともなう感覚は、野犬のように扱え」と説いています。かかとに噛みついた野犬は、こちらが逃げようともがけばもがくほど肉を引き裂こうとします。しかし、勇気を出して冷静に向き合えば、犬の方で引き下がってくれることが多くなります。

（ボリュステネスの）ビオンは、それは蛇を手にするときと同じだと言う。蛇を真ん中でつかめば噛まれるが、（牙がある）頭をつかめば悪いことは起こらない。同じように、外からもたらされる苦痛は、それをどのようにつかむ（受け止める）かにかかっており、ソクラテスのようにつかめば苦痛を感じないが、それ以外の方法でつかむと、外にあるものではなく、自分の性格や誤った意見のために苦しむことになる。

［メガラのテレス『キュニコス派のディオゲネス　彼と著名な倫理学哲学者たちの言葉と逸話』］

しかし、ほとんどの人は運命と正面から向き合わず、逃げるように背中を向けます。そのため、知らないうちに運命から攻撃を受けることになります。

ストア派の偉大な教師ムソニウス・ルフスに師事したディオン・クリュソストモスというソフィストがいます。彼は、キュニコス派をボクサーにたとえました。殴られることを覚悟し、パンチを無関心に受け入れる訓練を行なって勝ちをつかみにいくボクサーです。逆に、身を縮こめて逃げようとするボクサーは、ひどいパンチを食らう危険に自分をさらすことになります。クリュソストモスは、痛みに耐えることを、火を踏み消すことにもたとえています――恐る恐る踏むと、自信を持って踏みつけるよりも火傷《やけど》する可能性が高まります。舌の上の炎を消す子供たちの遊びも、確信を持ってすばやくやればうまくいくと彼は言います。「イラクサをつかむ」という比喩があります。これは、躊躇したり防御したりして近づくより、正面から受け入れる方が傷つかずにすむことが多いという意味です（イラクサを払い除《の》けようとするとトゲが刺さります。しかし、トゲが生えている方向にしっかりつかむと、鋭いトゲが平らになって刺さらずにすみます）。抵抗したり、腹を立てたり、泣き言を言ったりするのではなく、冷静に〝イラクサ〟をつかめば、痛みに悩まされることは少なくなるのです。

痛みやその他の不快な感情に〝自発的な受容〟を用いていた当時のキュニコス派やストア派は、その時代の何千年も先を行っていたと言っていいでしょう。この〝自発的な受容〟は、現代の行動療法において、ここ数十年、ペインマネジメント（疼痛管理）の中心的な方法になっているからです。外科手術や歯科治療など、ごく短時間の（急性の）痛みには、痛みから気をそらすことが有効な場合があります。しかし、慢性的な痛みにこの回避戦略を用いると逆効果になりやすいことがわかっています。痛みと向き合うには、犬が荷車の動きに従うやり方がベストです。荒々しく運命に抗うか、運命をスムーズに受け入れるかは、「自分次第」でできる選択です。ほとんどの人は、受け入れることで痛みがもたらす感情的な苦痛が大幅に減ずることに気づくでしょう。「自分次第にはならない」ことに抗ったり、それを抑えようとしたり、避けようとしたりしても、時間とエネルギーを浪費し、行動が制限され、他のことに取り組めなくなるだけです――〝受容〟することが、生活の質《クオリティ・オブ・ライフ》の向上につながるということです。ケースにもよりますが、痛みの感覚を受け入れていると、それに対する慣れが生じてきます。痛みがあまり気にならなくなって、その感覚が薄れていく場合もあります。

現代心理学においても、体の痛みや不快な感覚に対して必要以上に抗うと逆効果になることが証明されています。不快な感覚をコントロールしたり避けたりしようとする衝動は「体験回避」と呼ばれていて、精神衛生上かなり有害であることもわかっています。心地よくない感情は悪いものだと思い込み、それを心の中で抑え込もうとすると、緊張したり、避けようとする思考にとらわれる悪循環に陥ったりします。ストア派にとっての痛みは「無関心」に分類され、悪いものではありません。そして、自然なものとして受け入れる対象になります。マルクスは、出来事に対して不平を言うことを、「生け贄の儀式の最中にある子豚が蹴ったり鳴いたりしながら逃げようとするのと同じ。起こっている出来事に文句を言っても、なんの助けにもならない」と自分に言い聞かせています〔『自省録』10-28〕。

美徳について内省する

エピクテトスには「どのように病気に耐えるべきか」をテーマにした説話があります。そこで、痛みや病気は生きていく上での必然であり、他の好ましくない出来事と同じように、それに対処するための美徳がある、だから、その美徳を訓練する機会にすればよいと話しています。

熱病によく耐えれば、熱病にかかったときにできるすべてをやっている。熱病によく耐えるとはどういうことか？　神や人を非難せず、起きていることに悩むこともなく、高潔な心で死を予期しながら、なすべきことをなすこと。医者が来ても、なんと言われるだろうかと怯えることがなく、「よくなっているね」と言われて大喜びすることもないことだ。〔『語録』〕

エピクテトスは、「自分に降りかかってくるすべての出来事をうまく利用するため、自分にどのような能力、あるいは徳があるか自問する習慣を身につけるべきだ」と生徒たちに説いています。認知行動療法でも、「その苦痛とうまく付き合うとしたら、あなたが持つどんな能力を使いますか？」とクライアントに尋ねます。例えば、激しい痛みに直面したときは忍耐力があることを思い出し、忍耐力を訓練する機会と捉える習慣を身につけます。そうすれば、痛みの感覚が私たちを支配することが少なくなるでしょう〔『提要』〕。

自分と同じような痛みや病気を経験した、あるいは経験している人が、どう対処したか、あるいはしているかを考えることも有効です（美徳のモデリング）。同じ状況にある人がどう対処していたら、その人を褒めるでしょうか？　その強さや美徳を見習って、何ができるかを考えます。
マルクスは、普通の人たちが欲のためとか印象を良くするためといった世俗的な目的のために勇気や自己規律を示している点に注目しています。

自然に持ち合わせている力を使って耐えられないようなことは誰にも起こらない。同じことが起こっても、それが自分に起こったことを知らないためか、自分の心の強さをひけらかしたいためかで、泰然としたままなんの害も受けずにいる人がいる。無知と自惚れの方が知恵よりも強いとしたら、かなり奇妙な話である。

〔『自省録』5-18〕

マルクスは、利益のため、あるいは義務のためにそうしなければならないと自分に言い聞かせれば、降りかかってくるすべてに耐えられると言います。ニーチェは「生きる理由を持つ者は、どんなものにも耐えられる」と言いました〔『偶像の黄昏』〕。我慢する理由があれば、痛みに耐えることは容易になります。ボクサーは試合に勝つために、文句を言わずにパンチを食らいます。そうできるボクサーの能力は、哲学者を恥じさせます。哲学者が、自分はボクサーよりはるかに重要な何か、つまり知恵への愛によって動機付けられていると信じているからです。
しかし、人々を観察すると、十分な動機さえあれば、誰でも大きな痛みや困難に耐えられることがわかります。

初期の心理療法に影響を及ぼしたストイシズム

マルクスが語った痛みや病気に対処するためのストア派の療法が、現代の認知行動療法（CBT）で用いられている方法と似ていることを見てきました。しかし、CBTが生まれるずっと前の20世紀初頭に、心の悩みに対して合理的かつ認知的にアプローチする別の心理療法があったことはあまり知られていません。それは、フロイトの精神分析と競合するほどのものでした。『神経症と道徳療法』（1904年）の著者で、スイスの精神科医・神経病理学者であるポール・デュボワは、のちに「論理療法」と呼ばれるようになる療法の提唱者でした。デュボワは、心理的な問題は否定的な考え方に起因していて、それが自己暗示のように働くことで起こると考えました。そして、さまざまな神経症や心身症の根本原因となる否定的な考え方を手放すようクライアントを論理的に指導する「ソクラテス式問答法」に基づく治療を好みました。デュボワが古代ストア派の影響を受けていることは、この哲学を随所で参照していることからも明らかです。

古代の書物から地域的特性についての言及を取り除くと、ソクラテス、エピクテトス、セネカ、マルクス・アウレリウスの考え方が完全に現代的であり、今に通用するものであることがわかる。
［参考文献10］

デュボワは、心理療法を受けにきた患者の慢性的な痛みや心身症にストイシズムが活用できることに興味を持っていました。

この考え方は新しいものではありません。ストア派は、痛みや不幸に対する耐性をこれ以上ないところまで高めた人たちでした。セネカが書いた次の一節は、今の時代に書かれた心理療法の論文から引用したような内容です。「苦しみを自分で悪化させたり、不平を言って自分の立場を悪くしたりすることがないように。意見を誇張しないときの嘆きは軽い。そして、『なんてことはない』、あるいは少なくとも『ちょっとしたことだ。耐えてみよう。そのうち終わることだから』と言って自分を励まし、そう信じると悲しみは軽くなる」。さらに「人は自分がそう信じている分だけ不幸になる」とも言っています。苦しいと思ったときだけ苦しむことになる神経痛については、確かにそう言える

でしょう。 ［参考文献9］

セネカの手紙を引用して、デュボワは、病気に対処しそれを悪化させないためには、心配する代わりに病気を受け入れて耐えることが役立つと言っているのです。また、「ストア哲学の原則が、病気になったときの自分を慰め、『薬のように』作用し、魂を高揚させて体を強くしてくれた」というセネカの文章も引用しています。デュボワは、自分の患者の一人が語った以下の言葉も紹介していますが、これも印象的なものだと言えるでしょう。

症状を扱うためにストア哲学の原則を教えようとしていたある青年は、私の最初の言葉を聞いて、「先生、わかりました、描いてお見せします」と言った。そして、鉛筆を手に取り、紙の上に塗りつぶした黒丸を描いた。
「この黒丸は一般的な意味での病気、つまり体や心のトラブルを示しています。リウマチ、歯痛などの肉体的なトラブル、あるいは、先生が診てくれるような悲しみ、落胆、憂鬱などの精神的なトラブルです。私がそれに注意を向けて認めると、私は黒丸の周りに円を描いて大きくしています。その痛みを言葉で肯定すると、このようにもっと外へと円が拡大していきます。私は痛みをどう除いたらいいかで頭がいっぱいです。円はどんどん大きくなるばかりです。さらに、この痛みの先にある結果を恐れたり、将来を悲観的に考え始めたりすると、最初の黒丸は2倍にも3倍にも大きくなっていきます」。そして、大きな円の中心にある黒丸、つまり、痛みを最もシンプルに表現した黒丸を示しながら、「そのままにしておいた方がよかったということですね」と笑ったのです。「人は苦痛を誇張し、想像し、予期する」とセネカは書いています。私は長い間、落胆している患者さんたちに「その悲しみを不幸に思って、悲しみに二番目の物語をつくらせないように」と言ってきましたが、それを自分にも繰り返し言い聞かせてきました。〔参考文献10〕

デュボワは青年が描いた先の図について、「苦しみ方を知っている人は苦しみが少ない」ことを示したものだと付け加えています。肉体的な痛みとか病気がもたらす負担は、恐怖や心配の層を重ねていく同心円をその周囲に描かずにいれば、それ以上、重くなりません。

『自省録』を書き始めた頃のマルクスは、フロントと愚痴を言い合っていた頃とは異なる関係を痛みとの間に築いていました。痛みや病気に対する私たちの最初の反応を自然で合理的なものとして捉え、その反応を増幅させたり永続させたりすることは不自然で不合理だと考えるようになっていたのです。痛みがある動物は、啼き叫んだり、しばらく傷口を舐めたりするでしょう。しかし、起こったことを何週間も反芻したり、再発を恐れて不眠症になったと訴える手紙を友人に書いたりはしません。デュボワの言葉を借りれば、適切な苦しみ方を学んだマルクスは、それによって身体的・精神的な負担を大きく減じることができました。慢性的な痛みや病気に対してこのように接しながら、彼はローマ軍団を第一次マルコマンニ戦争における勝利へと導いていくのです。

第6章

心を守る城塞

怖れや不安を手放す方法

待ち伏せだ！

ドナウ川対岸の森から、馬に乗ったサルマティア人の集団が次々と現れては突っ込んでくる。波状攻撃だった。軍団を挟み撃ちにするために別れる波もあり、凍てつく川の真ん中を進んでいたローマ兵たちを包囲していった。マルクスは将軍たちと静かにことの成り行きを見守っていた。北の異民族は、最前線に当たるドナウ川を横切って属州パンノニアを襲っては、略奪を繰り返していた。異民族の騎手たちは、戦利品を抱えているときが最も無防備になる。そして、帰途、凍ったドナウ川を渡るときにペースが遅くなる。ローマ軍団はそこを狙って追い討ちをかけていた。しかし、罠にはまることが多くなっていた。

敵の待ち伏せに気づいたローマ軍団の歩兵隊が「歩兵方陣」と呼ばれる防御隊形をとる。歩兵隊の4つの側面すべてを外側に向け、長方形の盾を隙間なく並べて防御壁をつくり、この防御壁で、将校と軽装甲部隊から成る内側を守る隊形だ。サルマティア人はその戦術を熟知していた。隊形を維持できる限り「歩兵方陣」は機能する。しかし、敵の馬が防御壁を突き破って隊形が崩れると、ローマ兵たちには死が待っている。サルマティア人が軍団を氷上に誘い込むようになったのはそれが理由だった。彼らの馬は氷上を駆け抜ける訓練を受けていた。サルマティア人の槍が防御壁をつくっているローマ軍団の盾にぶつかると、ローマ兵たちは足を滑らせ、ボウリングのピンのようになぎ倒されるしかなかった。

サルマティア人は神秘的な敵だった。彼らは遊牧民の緩やかな連合体であり、率いていたのは最も好戦的だと言われていたイアジュゲス族を支配するバナダスパス王だった。サルマティア人の男たちは背が高く、筋肉を隆々とさせていた。青くて鋭い目を光らせ、赤みがかった黄色い髪と髭をなびかせて襲いかかってきた。

騎手たちは、ひづめを削ってつくったニシキヘビの鱗のような鎖帷子《かたびら》がついた鎧に身を包み、鋭利な骨をつけた巨大な槍を振り回して戦った。イアジュゲス族は火を崇拝していると言われていたので、その姿から火を吹くドラゴンを連想する者さえいた。しかし、ローマ人にとって衝撃的だったのは、馬に乗って戦う戦士たちの死体から兜を外すと、その多くが女性であったことだ。

凍ったドナウ川をわたって突進してくる、数百、数千の異民族の光景は恐ろしいものだったに違いない。今回も虐殺が繰り返されるのだろうか？　サルマティア人の槍の波がローマ人の盾に衝突するのを見て、マルクスはゆっくり深呼吸した。ほとんど同時に、将軍であり義理の息子でもあるクラウディウス・ポンペイアヌスがマルクスに向かって微笑んだ。今回、驚くことになったのはサルマティア人の方だった。槍の波がぶつかっても隊形がまったく崩れなかったからだ。マルクスは新しい戦術を編み出していた。歩兵方陣の内側にいる軍団兵たちが氷の上に盾を置き、それをしっかりと固定する。固定したその盾に、防御壁をつくる軍団兵たちが足を押し付けていた。そのため、槍の衝撃を受けても隊形が崩れなかったのだ。

防御壁にぶつかった衝撃でサルマティア人の騎手がふらついているとき、ローマ軍団の反撃が始まった。盾でつくった壁の間から散兵たちが飛び出す。馬の手綱をすばやくつかみ、自分の体重を使って馬を横倒しにして騎手を氷上に引きずり下ろしていく。そこを目がけて、防御壁の後ろから槍を突き立てる。氷上に血の海ができていき、死体が積み重なっていった。残ったサルマティア人は、足場の確保が難しいことに気づいていた。安全な森の中に逃げ込むこともできず、マルクスの思惑通り敵は大混乱に陥った。間もなく敵も味方も滑って転び、取っ組み合いが始まった。マルクスの軍団はレスリングの訓練を受けていた。ローマ兵たちは覆いかぶさってくるサルマティア人を引っ張って両足で蹴り飛ばし、相手をひっくり返しては体勢を逆転させていった。こういった接近戦の経験がほとんどなかったサルマティア人が大敗を喫するまでの時間は短かった。

待ち伏せの裏をかくことに成功したマルクスはバナダスパス王に大打撃を与えた。戦争の流れがローマ有利に傾き始めた。待ち伏せに自らかかりにいくことが危険な戦略であることは間違いない。そこで必要になるのは規律だった。ローマ軍団は敵に悟られないよう訓練を繰り返して準備していた。それがうまく機能したのだ。最強の敵を相手にした不利な状況の中でも、マルクスは落ち着いていた。その冷静さが形勢を逆転させることに結びついていったのである。

恐怖を手放す

エピクテトスは、ストア哲学をヘルメスの魔法の杖《カドゥケウス》のようなものだと生徒たちに教えていました。それは、触れるとすべての不幸が何か善いものに変わる小さな杖です〔『語録』〕。ストア派は、起こりうる不幸を想定し、それらを無関心に捉える訓練をすることでその小さな杖を手にしていました。恐れていることが実際に起こったと想像することは、最悪のシナリオに備える感情的な戦闘訓練になります。さらに、知恵と徳を使ってそのシナリオに対処する方法をリハーサルすることで、可能な限り、起こりうる不幸をより善い機会へと変えていきました。ドナウ川での戦いのように、恐怖心を受け入れると、明白な挫折を有利な機会へと変える発想が生まれます。サルマティア人の待ち伏せは、最初、ローマ人にとって軍事的な大惨事ともいえるものでした。しかし、罠にかかった不幸を〝機会〟に変えなかったら、戦争の流れを転じることができたでしょうか?

ストア派は機会を得るのに長けています。一見、不幸に見える出来事を恐れずに見据え、落ちついて知恵を行使する訓練を積んでいるからです。ローマ時代の詩人が言っていたように、「幸運は勇者に味方する」ものです。マルクスは、出来事に不満を感じ始めたときは、「これは不幸ではない。気高く耐えれば幸福になる」と自分に言い聞かせていました。ルキウスが急死した後、マルクスは北の辺境に集結した14万の兵士の唯一の指揮官として取り残されました。40代後半になっていました。それまで現場における軍事経験がまったくなく、何を期待されているのかもわからないまま、ローマ帝国史上最大に膨れ上がった軍団が彼の命令を待っていたのです。それは気が遠くなるような状況だったでしょう。それでも、彼はこの新しい役割を受け入れ、ストア派としての生き方を深める〝機会〟に変えようとしました。

マルクスは自分の命を危険にさらして前線に立ちました。戦争勃発時、属州パンノニアはマルコマンニ族のバルロマルル王が率いる連合軍に制圧されていました。バルロマルルは周辺にいる小さな部族を集めていましたが、隣人であるクァディ族の巨大な軍隊にも支えられていました。ローマ軍団はカルヌントゥムの戦いで、指揮官を含めた2万人の兵をたった1日で失う壊滅的な敗北を喫しています。マルクスはその戦場のすぐ近くに留まっていました。そして、切断された頭、手、足が、残りの体の近くにある凄惨な光景を『自省録』の中に書き残しています［8－34］。また、文末に「クァディ族に囲まれたグラン河畔で」とあるので、ドナウ川を越えて敵の領土内でも執筆していたようです。

こういった危険な場にいながら、意外なことに、マルクスは戦争に対する恐怖や不安には言及していません。首都で国政に携わっていた頃には、心配のあまり真夜中まで仕事を続ける苦労性の男だったのに、『自省録』を書くようになった頃には落ち着いた自信に溢れる人物になっています。おそらく、家庭教師だったルスティクスの死後、ストア哲学を自分のものにするための努力を倍加させ、そのことが彼を変えたのでしょう。

ドナウ川沿いの駐屯地に到着したときのマルクスは、肉体的に虚弱な、まったくの軍事初心者でした。のちに帝国を簒奪しようと画策するアウィディウス・カッシウスが「哲学する老婆」と揶揄《やゆ》するほどで、軍団を指揮する能力があるのか誰もが訝《いぶか》しがっていました。しかし、ストア哲学の実践と、マルコマンニ族、クァディ族、サルマティア人などとの長く過酷な戦争が、彼の人格をゆっくりと形づくっていき、7年後にはマルクスを卓越した軍事指導者に変えていました。兵士たちは畏怖の念とともにこの司令官を仰ぎ見るようになり、ローマ軍団はマルクスを中心に結束した戦闘集団に生まれ変わっていたのです。

西暦174年に2つの奇跡が起こります。兵士たちはこれらの奇跡をマルクスの力によるものだと信じました。サルマティア人が使っていた攻城兵器が稲妻によって破壊されたのが「稲妻の奇跡」です。軍団は、マルクスの祈りが稲妻を呼んだと噂しました。その1か月後には「雨の奇跡」がもたらされます。圧倒的な数の敵に包囲された将軍ペルティナクスが率いる軍が、水を絶たれて降伏寸前になっていました。マルクスは手を挙げ、ゼウスに向かって「この手で、なんじの栓をひねり、命を与えてくれる者を称えよう」と祈りました。その瞬間、豪雨が起こり、ローマ兵たちは自分の傷口から流れ出る血が混じった水を兜から飲みながら戦ったと言われています。マルクスは迷信的な人物ではありませんでしたが、軍団は、マルクスが神々から寵愛を受けていて、自分たちに勝利をもたらす神君であると高く評価していたのです。

「留保つき」で行動する

軍事経験がなかったマルクスはどのようにして優れた司令官へと成長していったのでしょうか？　また、戦うことに長けた敵を相手に、なぜ落ち着いていられたのでしょうか？　彼が用いたのは、ストア派の技法の一つである「留保つき」（ヒューペグザイリシス、hupexhairesis）の行動です。これは『自省録』で少なくとも5回言及されている専門用語で、その考え方は初期ストア派にまでさかのぼります。マルクスはエピクテトスの『語録』を読み、すべての行動を「留保つき」にするスタイルを学んでいます〔『自省録』11-37〕。「留保つき」の行動とは、結果が自分次第ではないこと、つまり、自分ではコントロールできないことを受け入れながら行動することを指します。別の言い方をすれば、結果にかかわる仮定、とりわけ成功への期待を排除しながら行動することを意味します。とはいえ、結果への期待は自分の意志でコントロールできる範囲内で残っているので「留保つき」と言います。セネカは、それを「運命が許すなら」、「神の思し召しのままに」、「もし、何も私を妨げないなら」などの警句にしています。「成すべきことを成し、起こるに任せよ」という諺に近い意味があります。ストア派の英雄、ウティカのカトーが射手を例にしてこの微妙な概念を説明しています。ストア派の射手にとっての目的は、及ぶ限りの技術を使って巧みに矢を発することにあります。矛盾しているように聞こえますが、射手は自分の矢が実際に的を射るかどうかには関心を持ちません。狙いを定める動作はコントロールしますが、矢の飛行はコントロールしようとしません。的を射るために最善を尽くし、次に起こることをなんでも受け入れるということです。的——おそらく射手が狩ろうとしている動物——は、予期できない動きをします。鳥を槍で突き、イノシシを狩っていた頃のマルクスも、カトーの射手を念頭に置いていたと思われます。ストア派の美徳は、最善を尽くしたのに手ぶらで狩りから帰ることになったとしても意に介さないでいるところにあります――この姿勢で人生に臨む人を称える哲学なのです。

マルクスは自分の内的な目標を、徳とともに生きる、とりわけ知恵と正義を用いて生きることだと考えていました。外的な目標、つまり好ましい結果は、すべての人の安寧に置いていました（ちなみにローマ帝国内に限ってはいませんでした）。共通の利益を追求しようとするこの行為がストア派の美徳の一つである正義です。実際、他者に利益をもたらそうとする試みが成功しても失敗しても、その努力が誠実である限り、試みている心は徳とともにあります。徳を行使するという意味でも心理的な意味でも、大切なのは意図です。とはいえ、その意図を適切な結果に向ける必要があります。正義を例にすれば、公正で有益な外部的結果を人々にもたらすことを〝好む〟ことになります。それを「運命が許してくれるなら」という「留保つき」で行ないます。皇帝だったマルクスは、『自省録』の中で数え切れないほどの回数、この思考法について言及しています。

「隠れて生きよ」と言ったエピクロスのように、公的生活におけるストレスや責任を回避することで平静を保つよう生徒たちに勧める学派もありました。一方、クリュシッポスは「妨げるものが何もなければ、賢者は政治に参加するものだ」とストア派の仲間たちに語っています。

ストア派は、社会において可能な限り知恵と正義を行使することを心がけています。同時に、行動による結果が自分次第にならないことも受け入れています。社会に利益をもたらせるかどうかの確約はないものの、とにかく最善を尽くすのです。行動しながら一方で感情を分離させるという、ある意味、相反する2つのことをやることになります。カトーの射手のように、結果から距離を置きながら〝射る〟行為に全能力を投入することをゴールにします。マルクスも「運命が許してくれるなら、マルコマンニ戦争を鎮圧してローマを守ろう」といった趣旨のことを自分に言い聞かせながら軍団を指揮していたと想像できます。

のちにキリスト教徒も手紙の末尾にD.V.（デオボレンテ、Deo volente「神のみこころにかなえば」）を加えるようになり、イスラム教徒もインシャラー（inshallah「すべてがアラーの思し召し」）と言うようになりました。新約聖書の中に、この心情を明快に表現した記述があります。

よく聞きなさい。「今日か明日、あの街に出かけ、一年かけて一儲けしよう」ともくろむ人たち。明日、我が身にどんなことが起こるかは誰にもわかりません。あなた方の命は、消えていく朝露のようなもの。だから、こう言うべきでしょう。「もし、主がお許しくださるなら、今日も生きて、あのことこのことをしよう」と。

［『新約聖書』ヤコブの手紙 第4章13－15］

これらの言葉は、人生に確かなものが何もないことを私たちに思い出させます。この世において完全にコントロールできるのは自分の意志だけです。この真実を常に意識し、うまくいってもいかなくても、冷静に結果を受け入れる準備をしておく。そうすれば、思い通りにならなかったとしても、怒ったり、心外に思ったり、欲求不満に陥ったりすることがなくなります。また、うまくいかないのではないかという心配からも解放され、今やるべきことに意識を集中させることができます。必然的に、意識の焦点が〝現在〟に結ばれるので、過去や未来に対する感情的な投資も減ります。心配しているときの心は、先を見越して不安を募らせ、未来全体をサスペンスに仕立てます。そうさせないためにも、今とここに根を下ろすのです。

マルクスは、留保つきで行動する賢者を燃え盛る火にたとえています。投げ込まれたすべてのものを一瞬で灰にする激しい炎のように、「留保つき」で行動する賢者は、人生に何が投げ込まれてこようと、ひるむことなく適応します。そして、成功しても失敗しても、その経験を〝機会〟として生かします。「運命が許してくれるなら」という但し書きを付けている限り、外部から妨害されることはあっても内部から妨害されることはありません。例えば、マルクスは人々が彼に異を唱えた場合、最初は自分と同じ視点から見てもらえるよう努力しました。それでも同意が得られないときは、落ち着きを保ったまま、その障害を、忍耐、自制心、相手への理解といった徳を行使する機会に変えていました。何をやっても手に負えないなら望むのをやめて別の機会に変える。そうすれば動揺は起こりません。この姿勢が、心配や不安に対するストア派の心理療法の基礎を成すものの一つになっています〔『自省録』4-1、5-20、6-50〕。

留保つきで行動しないと、どんな失敗も自分にとっての悪や苦悩の原因になるとマルクスは考えていました。対照的に、結果が「自分次第ではない」ことを思い出し、そうなるべきだったものとして受け入れれば、傷つくことも、不満を感じることもありません。それは心を、ソクラテス以前の哲学者であるエンペドクレスが指摘した「丸くて歪みがない」ものにすることです。その球体をエンペドクレスはスパイロス（聖なる球体）と呼びました。詩人ホレスも、ストア派の賢者をスパイロスのイメージを用いて描いています。「自己完結していて、なめらかで丸い。磨き上げられたその表面に外部の要素が付着することはない。運命が攻撃してきても、傷つくのは運命の力である」心の状態であると彼は言います。このような心に不幸が訪れることがないのは、意志の外にあるものに本質的な価値を見出さないでいるからです。そのため、自分を支配することができ、貧困や投獄に屈することがなく、情念を否定し、世間の非難や権力からの圧力を見下すことができるのです。これが「行動の結果に対して哲学的態度を取る」という意味です。何が起ころうと泰然と受け入れ、平静でいられる生き方を指しています。

逆境の予行演習

すべての行動を失敗の可能性を含んだ「留保つき」で行なうとすると、起こりうる逆境を想定しておく必要が出てきます。ストア派は「留保つき」戦略を拡大して予測される不幸が自分の身に起こっているかのようにイメージし、その逆境に対処するための準備をします。亡命している自分、貧困に陥っている自分、愛する人と死別した自分、病気にかかった自分を思い描くのです。自分の死を思い描くこともストア哲学において特別な意味を持っています。こういったストレスがかかる状況に少しずつ繰り返しさらされることで感情的な動揺に対する抵抗力をつける技術を、行動心理学では「ストレス接種」と呼んでいます。いわばウイルスに対する予防接種のようなものであり、私たちがレジリエンスの構築と呼ぶようになった内容と似ています。

セネカはこれを「逆境の予行演習」と名付けています。『自省録』にも、この予行演習にかかわる朝の日課についての記述が出てきます。他のストア派の人たちは、病気、貧困、追放などをテーマにしましたが、マルクスのテーマは対人関係でした。毎朝、今日も付き合いにくい人たちに出会うことを想定しながら、動揺することなく接する予行演習をしていたのです。

明け方から自分にこう言い聞かせておくがよい。私は、今日、でしゃばり、恩知らず、横柄なやつ、裏切り者、やきもち屋、人付き合いの悪い者に出会うことになる。

［『自省録』２‐１］

この一節が皇帝としての人生にかかわるものであることは明らかです。元老院内には、マルクスの軍事政策に異を唱える一派がいました。のちに、帝国を簒奪しようとするアウィディウス・カッシウスにこの一派が加担することで、帝国を二分することになりかねない事態に発展します。宮廷にも、マルクスの価値観に異を唱え、敵意を持つ人たちがいました。そのうちの何人かは彼の死さえ望んでいたようです。しかし、マルコマンニ戦争はそれ自体が裏切りと欺瞞に満ちていました。それにもかかわらず、マルコマンニ族はローマ帝国の取引相手であり、両者は同盟を結んでいました。それにもかかわらず、王であるバルロマルが秘密裏に陰謀を企て、イタリアの奥深くまで侵攻する奇襲攻撃をかけてきます。首都の玄関口に戦争をもたらしたのです。それも、普段はドナウ川に沿って駐屯している軍団がパルティア戦争で留守になっているときを狙っています。これは裏切り以外の何ものでもない行為でした。朝の日課についての有名なこの一節を読むときは、日々のささいな不愉快だけでなく、ヨーロッパ史を変えてしまいかねない政治や軍事の危機をも念頭に置いた準備であったことを心に留めておく必要があります。

異民族の大群が侵攻してくるというニュースは帝国全体をパニックに陥れました。しかし、不測の事態に備えて「逆境の予行演習」をやっていたマルクスは、冷静に、そして自信をもってこの危機に立ち向かっていきます。

「逆境の予行演習」は、ネガティブな感情の中でも、特に恐怖や不安を扱うのに適しています。ストア派は、恐怖を「何か悪いことが起こるのではないかという期待」と定義しました。それは、認知行動療法の創始者であるアーロン・T・ベックの定義と実質的に同じ内容です。恐怖しているときは未来に焦点が当たっているので、未来にかかわる考えに取り組むことで対処します。「逆境の予行演習」を用いて不安や悲しみを予防接種することは、心理学者が「ストレスが多い状況に圧倒されることなく長期的に耐える能力」と呼んでいるレジリエンスを構築するのに有効な方法になります。

「イノシシとキツネ」は、レジリエンスの構築を扱っているイソップの寓話です。ある日、キツネが森の中を散歩していると、木の切り株を使って牙を研いでいるイノシシと出会います。キツネはこれをおもしろがり、「心配するようなことは何もないよ」とイノシシに声をかけます。そして、「なぜ、そんなに怯えているの？　戦う相手はどこにもいないのに」とイノシシをからかいます。イノシシは微笑んで、「確かにそうだね。でも、猟師が来ると聞いてから牙を研ぎ始めるのでは遅すぎるからね」と返しました。ここでの寓意は、自分を守るには、平和なときに戦いに備える必要があるということです。逆境に遭遇しても平静でいるために、マルクスも「逆境の予行演習」を用いて準備していたのです。

感情的な慣れ

もちろん、未来にどんな逆境が待ち受けているか、誰も知ることはできません。しかし、さまざまな状況に対して「逆境の予行演習」を行なっていれば、汎用性が高いレジリエンスを開発しておくことができます。これこそ、ストア派がこの予行演習を行なった理由です。通常の条件下で恐怖を感じる状況に長時間さらされると、不安が自然に軽減する――これは、現代の心理療法の研究分野全体において最も確立された知見の一つであり、1950年代以降の恐怖症治療はこの知見に基づいて行なわれています。また、不安のより複雑な症状である心的外傷後ストレス障害（PTSD）や強迫性障害（OCD）の治療にも欠かせないものになっています。

例えば、重度の猫恐怖症の人を、何匹かの猫がいる部屋に連れていきます。その人の心拍数は上昇し、おそらく数秒以内にほぼ倍増するでしょう。しかし、次に何が起こるでしょうか？上がったものは下がらなければなりません――猫がいる部屋にその人がとどまり、待つこと以外何もしないとしても、通常は時間の経過とともに不安が軽くなっていきます。5分、30分、1時間、あるいはそれ以上かかるかもしれませんが、ほとんどの場合、いずれは安静時のレベルに近い心拍数へと戻っていきます。翌日、その人を猫がいる部屋に戻すと、心拍数は再上昇するものの昨日ほど高くはならず、より速く低下する傾向を示します。数日間この訓練を繰り返すと、猫に対する〝感情的な慣れ〟が生じ、その人の不安は恒久的に通常レベル、または無視できるレベルにとどまるようになります。

この真実が数千年前からわかっていたことが、イソップの別の寓話である「キツネとライオン」から推測できます。ある日、森の中を散歩していたキツネがライオンを見つけます。キツネにとってライオンは今まで見たことがない生き物です。キツネは恐怖で凍りつき、遠くから見たあと、すぐにこそこそと立ち去りました。翌日、同じ場所に戻ると、その日は前日よりもライオンに近づくことができました。そして、茂みの後ろに隠れてしばらく眺めたあと、立ち去りました。3日目になると、今度はライオンに近づいて挨拶する勇気が出ます。そして、二人は友達になるのです。この物語の寓意は、慣れが無関心を生み出す点にあります。繰り返し同じ状況にさらされると、通常は不安が自然に和らいでいくということです。

ストア派の文献が明らかにしていないのは、不安に慣れるには、恐怖を覚える状況にかなり長くさらされる必要がある点です。実際、不安への曝露があまりにも早く終わると、この療法が裏目に出て、恐れている状況に対する不安や反応しやすさが増える可能性が生じます。

曝露療法が最も効果を発揮するのは、先の猫の例のように、不安を誘発するトリガーが物理的に存在する場合です。心理療法ではこれを「現実世界の曝露」と呼んでいます。しかし、ほとんどの場合、脅威を単に想像するだけでも感情的な慣れが生じて不安が減じます。こちらは「想像上の曝露」と呼ばれています。ストア派は、想像の中でその出来事にさらされることでも感情的な慣れが生じ、不安が自然に和らいでいくことに気づいていました。先に説明した「逆境の予行演習」が「想像上の曝露」の一形態と言えるものだからです。イソップの寓話「キツネとライオン」は、人々がこの現象をさらに昔から知っていたことを示しています。しかし、現代的な行動療法が〝再発見〟する二千年以上も前にこの現象を採用した哲学的療法があったことは、注目に値する事実と言えます。

「想像上の曝露」を行なうとき、イメージを十分長く維持するには忍耐力と集中力が必要になります。特に、セラピストの助けを借りずに一人で試みるときはそうなるでしょう。多くの人が、不安を誘発する状況を短編映画にするとやりやすくなると言います。始まり、中間、終わりのシーンを各1分ほどで構成し、一連のシーンにして5〜15分、またはそれ以上、頭の中で繰り返し再生します。例えば、失業の不安を抱えている人は、上司のオフィスに呼ばれる、解雇するとか余剰人員になっていると宣告される、机の中を片付けて立ち去るという3シーンをつくります。これを短編映画にして、ループにして繰り返します。前述の通り、必要になる時間は人それぞれですが、このエクササイズを終了させる時点で不安が当初の少なくとも半分レベルまで低下している必要があります。不安が和らがない間は、感情的な慣れが生じるまでの繰り返しが行なわれていません。言い換えれば、我慢強く続ける必要があるということです。

セラピストがこれを行なう場合、心の中でシーンを描写してもらいながら、不快感や不安のレベルを0から10のスケールで、またはパーセンテージを用いてクライアント自身に評価してもらいます。不安が軽くなるまで、数分おきに曝露療法を繰り返し、その都度、評価します。先ほどの猫恐怖症の人であれば、猫を撫でるシーンを繰り返しイメージしながら、例えば80％の不安から、少なくとも40％、可能であればもっと低くなるまでこの療法を繰り返します（100％は猫恐怖症の人が想像できる最も深刻な不安であり、0％はまったく不安を感じない状態を指します）。ただし、この療法を行なう場合、注意が必要です。精神健康障害を抱えている人やパニック発作に苦しんでいる人など、感情的に圧倒されやすい人が想像上の曝露療法を行なう場合は専門家の助けが必要になるということです。特に、トラウマになっている性的暴行の記憶といった扱いきれないイメージを一人で試みてはいけません。とはいえ、通常の恐怖や不安であれば、ほとんどの人が「想像上の曝露」を安全に行なうことができます。

「想像上の曝露」が生み出す7つの心理的変化

ストレスを感じる出来事を繰り返しイメージする「想像上の曝露」療法を辛抱強く繰り返していると、さまざまな心理的変化が現れます。次のような有益な効果が一つ以上現れる可能性があります。

1　感情的な慣れ。前述したように、時間の経過とともに不安が自然に薄れ、恐怖を感じる状況に慣れていく。

2　感情的な受容。痛みや不安などの不快な感情に対して抗わなくなる。無関心にそれらの感情を眺められるようになって、共存が可能になる――このことで感情的な苦痛が大幅に軽減することもある。

3　認知距離。思考をより分離させて見ることができるようになる。自分を動揺させているのが不安を生み出す〝何か〟ではなく、その〝何か〟に対する自分の判断であることへの気づきが深まる。

4　脱破局視化。状況の深刻度、つまり、どれほどひどいものとして見ていたかについての自分の判断に対する再評価が始まる。「もしこれが現実になったら？　どうしたらいい？」から、「これが起こったとしても、なんだというのだ。世界が終わるわけでもあるまいし……」といった状況の格下げにつながっていく。

5　リアリティ・テスト。状況に対する仮定が再評価され、現実的かつ客観的なものになる。例えば、最悪のシナリオが起こる確率や、そもそも、その状況に向かうかどうかの可能性までも再評価される。

6 問題解決。不安を感じる出来事を繰り返しイメージしているうちに直面している問題に対する解決策を創造的に見出すことが可能になる――敵の罠を逆利用するため、サルマティア人が待ち伏せている場所にマルクスが軍団を進軍させたような発想が生まれる。

7 行動リハーサル。心の中で状況に対処しているリハーサルを繰り返していると、自分の対処能力に対する自信が高まる――例えば、不当な批判に動じないシーンをリハーサルしていると、実際にそう振る舞う自信がつく。ロールモデルがどう行動するかを想像し、自分が同じように振る舞っているシーンをイメージ化しても効果的だ。

心理療法の現場では、曝露療法を行なった他のクライアントたちが以上のような変化を経験している事実を伝えるだけでも助けになります。それを聞いているクライアントが、心の中で、同じプロセスが自分にも起こる可能性を理解するからです。もちろん、他の心理学的手法を用いることで変化を強化することも可能です。例えばマルクスは、「逆境の予行演習」に加えて、「認知距離」と「脱破局視化」の技術を積極的に用いていました。この2つの技法についてはすでに説明していますが、以下で、心配や不安との関連で考えてみましょう。

心を守る城砦

不安についてマルクスはあまり語っていませんが、ストイシズムがもたらす平静についてはよく触れています。それらの言葉の中には、不安にかかわるストア派的な心理療法を実際に使っている含みがあります。皇帝になってしばらくした頃、パルティア戦争や帝国運営への心労から解放されるために、マルクスがイタリア内にある別荘に向かったことがあります。友人たちから健康のために静養すべきだと忠告されたからです。しかし、国務をこなすことこそ自分の義務だと感じていたため、仕事から離れていいものか悩んでいたことがフロントへ出した手紙からわかります。

『自省録』を書いていたマルコマンニ戦争の頃になると、心地よい隠れ家は過去のものとなり、首都から遠く離れた過酷な環境の中で過ごす毎日になっていました。そのため、イタリアの海岸沿いにあるアントニヌスの別荘など、若い頃に過ごした心地よい環境を思い出したり、すべてを忘れて田園や海辺、山などにある静かで平和な場所に引きこもりたいと夢想したりしています〔『自省録』4-3〕。しかし、逃避は「好ましい無関心」ではあるものの、人生で追求すべき何かでも、対処法として本当に機能する何かでもありません――ストレスからの逃避に依存することは、それ自体が問題を生み出します。マルクスは、心の中の平和は心地よい環境から生まれるのではなく、思考がつくり出すものなので、文字通りすべてから逃げる必要はないと自分に言い聞かせています。また、今で言うレジリエンスについて、どんな環境にいようと心の中に平静を取り戻せる能力のことだと表現しています。そしてそれを、極寒の戦場にいても憩うことができる「心を守る城塞」にたとえています。

比喩的な意味で、マルクスは山上の隠れ家に何度か戻っていきます。すでに高齢であり、人生に残された時間が短いので、どこにいても「山上の隠れ家にいるかのように生きるべきだ」と。実際、丘の上、海岸、その他どんなところに行こうと私たちを悩ませるものは変わりません――大切なのは、現状をどう見るかの選択です〔同10-15、10-23〕。周りにいる人たちが自分に対して敵対的であっても、物理的に過酷な環境にあっても、その〝光景〟をどう判断するかは自分次第であり、〝私〟が行なっています。その判断を誤らないように心がけていたのです。そして、内なる平静を得るには、心を支配する理性へと戻って、外界で起こっている出来事を穏やかに眺めることで執着を浄化すればいいとマルクスは自分に言い聞かせていました。また、そうするためには、次の2つのストア派の原則を用いることが必要だと考えていました〔同4-3〕。

原則1　今、目にしているものはすべて変化していて、やがては消えていく。それは、絶え間なく流れる小川の水を眺めているようなものだ。今までどれだけ多くの変化を見てきたか思い出すようにする。

原則2　外的な出来事は私たちの魂に触れることができない。そして、私たちの動揺はすべて主観から生じてくる。出来事が私たちを動揺させることはなく、出来事に対する私たちの思い込みが動揺を生み出している。外的な出来事から距離を取って価値観を切り離せば、内なる平静を取り戻すことができる。

戦場の混乱の中でも、元老院の怒号の中でも、自分次第で心の中に平静を保つことができるとマルクスは考えました。2つの原則を要約して、彼は「宇宙は変化していく。人生はその変化に対する主観である」と表現しています。

不安に対する認知距離

平静を保つための原則2は、ここまでで馴染み深くなっている認知距離を指しています。不安を管理する上で、ストア派は認知距離を取ることを最も重要視します。マルクスが言う「人生とは変化していく宇宙に対する主観だ」も、このことを指しています。人生の質はどう価値判断しているかによって決まり、その判断に基づいて感情が形づくられていきます。私たちは、自分の価値観を宇宙に投影しています。宇宙で起こる変化――出来事――を、当の〝私〟がどう判断しているか？　この点を意識的に思い出すことで、出来事に対する認知的な距離が取れ、精神的に落ち着きを取り戻すことができます。変化に対する〝主観〟次第で、いつでも人生に平静をもたらすことができるということです——出来事に対するこの視点を「現実世界の曝露」や「想像上の曝露」といった「逆境の予行演習」を行なうときに用いると効果的です。

脱破局視化と、無常について考えること

平静を保つための原則1は、脅威を感じる対象を「破局視」することから現実的なレベルへ格下げする「脱破局視化」にかかわってきます。「脱破局視化」も「逆境の予行演習」における「現実世界の曝露」と「想像上の曝露」に用いることができます。例えば、大切なテストで失敗するのではないかと不安になっていたとします。合格しなかったら世界の終わりだという思いで頭がいっぱいです。この考えから「脱破局視化」するには、最初に「逆境の予行演習」を用いて不安を誘発する状況に慣れるようにします。確かに挫折するかもしれません。しかし、それが世界の終わりだと考えるのは誇張表現であり、出来事を現実的に捉えることができれば不安は軽くなります。可能な対処法を見つける気にもなるでしょう。

そこから「脱破局視化」へと進みます。最初にシーンを説明的に書き留めて、その後に視覚化する方がやりやすいと思います。先の失職するシーンで考えてみましょう。どこにいるでし

ょうか？　どんなふうにクビを言い渡されますか？　その直後、どうなるでしょう？　視覚化する前にシーンの説明を声に出して数回読むと詳細が明確になり、より鮮明にイメージできるようになります。今までと同じように、感情的な言葉（「やつらはゴミのように私を放り出した」）や価値判断（「なんて不公平なんだ！」）を加えないようにします。できるだけ正確に、そして客観的にシーンを書いていきます。

そこから、「その先はどうなる？」という自問自答を繰り返します。こうするとシーンの最も悲惨な部分からその先へと焦点が移動し、破局的な印象を取り除くことができます。例えば、失職した後はどうなるでしょうか？　しばらくはタフな状況が続くかもしれません。しかし、やがては何か別の仕事を見つけて人生が進んでいきます。

もう一つのシンプルでパワフルなテクニックは、今心配している状況を、10年か20年後の未来の自分が振り返ってどう感じるかを自問自答することです。これは心理療法で使われている一般的な方法であり、「時間予測」と呼ばれています。具体的には、「20年後の私はこの件をどう思い出すだろう？　人生全体から見て些細なことなら、この先に破局が待っていると心配する必要はない。今も些細なことだと見なせばいい」と考えることで、その逆境に対する印象を変えることができます。このように、時間的な視点を未来へ移動させると、その出来事が破局的に見えなくなる場合があります。

心配を先送りする

ここ数十年の研究によって、過度の心配がなぜ不安を長引かせるかについての理解が深まってきました。〝心配〟とは、特殊な思考スタイルを持つ〝不安〟です。〝心配〟には具体的な内容があり、まだ起きていない気になる内容が頭の中で繰り返されます。さらに、恐れている破局についての「もしも？」という思いをともなう傾向があります。「もしもボスを怒らせ、クビになったら？　もしも別の仕事に就けなかったら？　もしも子供の授業料を払えなくなったら？」と。果てがないこういった自問には答えがありません。ある心配が別の心配につながる連鎖反応を生み出し、〝不安〟にどんどん燃料が投下されていきます。深刻な心配はコントロール不能に思えますが、意外なことに、それは意識的で自発的な思考です。実際に行なっているのは〝心配する〟という行為です。また、そのことに気づかずにいる場合がほとんどです。自分では「解決策を見つけ出そうとしている」と思い込んでいますが、ただ不安を悪化させる堂々巡りをしているだけなのです。

不安に苦しんでいる人は、自動的に起こる非自発的な感情をどうにかしようともがきます。それは自分ではコントロールできないものです。一方で、コントロールできる自発的な思考に目を向けない傾向があります。ストア派が最初の感情的な反応を自動的なものとして認める点についてはすでに説明しています。ストア派はこれを自然なものとして無関心に眺めます。そして、抑え込もうとするのではなく、抗うことなく受け入れます。一方で、最初の感情的な反応と、それを引き起こした状況についての自発的な思考を停止します。ちょっと驚くことですが、〝心配事〟の場合は、自分が〝心配している〟ことに気づいて、〝もう止める〟と決めればそのほとんどが止まります。

心配についての研究の第一人者であるトーマス・D・ボルコベックが、「心配の先送り」という画期的な研究を行なっています。大学生のグループを対象に、何かを心配し始めたとき、その日の後半に設定した「心配時間」までその〝心配〟について考えることを先送りするよう指示しました。4週間この実験を続けたところ、簡単なこのテクニックを使うだけで、心配に費やす時間をほぼ半分に減らすことができ、不安にかかわるさまざまな症状が軽くなることがわかりました。全般性不安障害（generalized anxiety disorder, GAD）は病的な心配性を特徴とする精神疾患です。認知行動療法においては、「心配の先送り」がその症状に施す主な方法になっています［参考文献7］。もちろん、このアプローチ法はもっと日常的で軽い心配事にも適用できます。「心配の先送り」は、ここまでの章で説明してきたフレームワークに基づいて行ないます。

1　セルフ・モニタリングする：眉をひそめたりそわそわしたりするなどの、心配につながる初期警告サインに注意を払う――そのサインを意識するだけで、心配する習慣がなくなることが多い。

2　それでも心配を解消できない場合は、感情が自然に和らぐまでそれについて考えることを先延ばしにし、事前に定めた「心配時間」になってから問題に戻るようにする。

3　無理にその思考を抑えようとせず、手放すようにする。これは一時的な措置であり、指定した場所と時間になったら心配に戻ると自分に言い聞かせる。そうするとき、認知距離を取る技術が役立つ場合がある。心配している内容を思い出すために、内容を紙に書いてポケットに入れておく。

4　意識を今とここに戻す。意識を自分の体と周囲の環境へと広げ、今まで見過ごしてきた細部へと気づきを転じる。心配している心は未来の〝大惨事〟を追いかけて、現在から注意を逸らそうとする。今この瞬間に対する気づきを碇《いかり》にすることで意識が未来へとさまよい出ないようにする。

5　あとで心配事に戻ったとき、それがもはや重要でないと思えばそのままにしておく。まだ気になるようなら、「逆境の予行演習」を使って、不安を引き起こしている最悪のシナリオや恐れている結果を視覚化する。

6　「私を動揺させているのはその出来事ではなく、その出来事に対する私の判断だ」と自分に言い聞かせて、認知距離を取る。また、恐れている出来事を、感情的な言葉や価値判断を交えない客観的な言葉で説明することで「脱破局視化」していく。「次にどうなる?」と自問し、時間の経過とともに物事がどう変化するかを考えることで、いずれ過ぎ去っていく出来事であることを思い出す。

意識の流れの中には、心をかき乱す印象や自動的な思考、あるいはイメージが常に飛び込んできます。ストア派はそれらに気を配っています。知らないうちにそれらに同意して不安に流されないようにしているのです。また、そういった思考やイメージが大声で主張しているものとは違い、単なる心像であることを思い出します。こうすることで、心像との間に認知距離を取り、落ち着いて対処できる状態になるまで判断を先延ばししています。クリュシッポスは、「時間の経過とともに〝感情的な炎症〟が和らぎ、理性が戻ってきて適切に機能し始める、そうすれば情念の不合理な性質を明らかにできる」と言っています。

以上のようなストア派の技術を何十年にもわたって訓練していたので、マルクスは冷静に、そして自信を持ってローマ帝国の防衛に当たることができました。帝国内の人たちは、北から侵入してくる異民族による〝大惨事〟を恐れ、完全なパニックに陥っていました。マルクスにも数々の逆境が降りかかってきましたが、彼はそれに耐えました。信頼できる将軍ポンペイアヌスとペルティナクスの助けを借りて、異民族の攻撃を少しずつ跳ね返していったのです。

イアジュゲス族の王は、バナダスパスよりも好戦的なザンティクスに代わりましたが、戦局がローマ有利に傾くとついに降伏し、175年6月に和平を求めてきました。マルクスには〝サルマティア人征服者〟を意味するサルマティクスの称号が与えられています。

この勝利によって10万人のローマ人捕虜が解放されたと伝えられています。マルクスは、何千人もの異民族の男女を、奴隷にすることなくイタリアに定住させました。しかしこの措置は、もともと遊牧民であり好戦的なサルマティア人に適したものではありませんでした。そのため、サルマティア人の騎手8000人をローマ軍に加えて、精鋭の騎兵隊を編成することにしました。そのほとんどをイギリスにあった要塞に駐屯させています。『自省録』の中でマルクスは、サルマティア人を捕まえて得意になっている男を、泥棒にも劣ると記すほど異民族に対して融和的な措置を取っています[10-10]。

しかし、地平線の彼方からさらに大きな脅威が迫ってきていました。東方にいたもう一人の〝皇帝〟が帝国を簒奪するために動き出したのです。それは、ただ一つのこと、内戦によってローマ帝国が分裂し、崩壊する危機が訪れていることを意味していました。第一次マルコマンニ戦争において実践したストア派の教えが、再び試されようとしていました。

第7章

いっときの狂気

怒りを征服する方法

175年5月。緊張した面持ちの伝令が、ローマ帝国の東部属州全域の総督であるアウィディウス・カッシウスに手紙を渡した。そこにはギリシア語で一言、「emanes」(「気でも狂ったか」)と書かれていた。

カッシウスは激怒し、ビリビリとその手紙を引き裂いた。カッシウスは侮ってはならない人物であり、その残忍さは悪名高いものだった。彼のお気に入りの刑罰は、10人単位で男たちを鎖につなぎ、川の真ん中で溺死させることだった。数十人の敵を200フィート近くの高さがある柱にくくり付けて、そこに火をつけたこともあった。生きたまま同胞が焼かれる姿を遠い敵国からでも見えるようにするためだった。ローマ軍団内にも非情な規律を課した。脱走すると、手を切り落とすか、脚と腰を折り、そのまま置き去りにされる運命が待っていた。悲惨な状態のまま生かすことを、自分の命令に従わないことへの警告にしたのだ。

一方で、カッシウスは類まれな軍事的英雄でもあった。皇帝に次ぐ司令官であり、ローマ帝国内で2番目に力のある人物と言えた。軍に対するカッシウスの鉄の支配は絶対で、帝国にとってそれが欠かせないものになっていた。

マルクスとカッシウスは長く家族付き合いをしていたが、カッシウスが皇帝を陰で批判しているとの噂があった。マルクスは廷臣たちに、「人は自分の思い通りになるものではない。その人そのままに仕事をしてもらうしかない」と言っていた。正反対の性格にもかかわらず、マルクスの慈悲と寛容にかかわる評判は、カッシウスのそれと好対照をなしていた。

将軍としてのカッシウスに全幅の信頼を寄せていた。パルティア戦争中、弟のルキウスが安全な場所で悪徳に耽っている間に、カッシウスは見事な勝利を次々と収め、ヴォロガセス4世をパルティアの領土奥深くまで追い詰めていった。彼はすぐにルキウスの副官になった。しかし、戦争が終わろうとする頃、ティグリス川沿いにあるクテシフォンとセレウキアの二都市で兵士たちに略奪を許した結果、そこでペストに感染する者が出た。帰国した兵士たちが帝国各州にペストを持ち帰り、ローマ帝国を蝕んでいくことになるのである。シリアからパルティア人を追い出した功績が認められ、カッシウスは皇帝直属の最高司令官に任命された。それから数年後の169年、皇帝ルキウスが亡くなり、この早すぎる死が帝国東部に権力の空白をもたらすことになる。

マルクスが第一次マルコマンニ戦争に明け暮れていた172年、ナイル川デルタ北西部に住んでいたブコロイと呼ばれる部族がローマ帝国に対する反乱を起こした。緊急事態だったので、マルクスは皇帝が不在のときの軍事的権威であるインペリウム（命令権）をカッシウスに与え、2個のシリア軍団とともにエジプトに向かわせることにした。

北方での戦費をまかなうための増税に、当時のエジプト住民は喘いでいた。その結果、盗賊になる者が増え、ついには若くてカリスマ性のあるイシドルスを中心にした反乱軍が結成された。彼らはローマ軍団の百人隊長を待ち伏せして生け捕り、さらに別の将校も捕らえて二人を生け贄にした。そして、二人の内臓を取り出して誓いを立て、儀式的に食したと言われている。このテロ行為のニュースは瞬く間にエジプト全土に広がり、反乱の火の手がそこここで上がっていった。

他の部族からの熱烈な支持を得たブコロイは部族連合を結成、アレクサンドリアを包囲して攻撃を開始した。帝国のエジプト軍団が立ち向かったが、数で勝る軍団が屈辱的な敗北を喫することになる。疫病と飢饉で荒廃するアレクサンドリアを、ブコロイとそれに賛同した部族が何か月にもわたって包囲し続けていた。反乱鎮圧のためにカッシウスと彼の軍団をシリアから派遣していなければ、アレクサンドリアは陥落していただろう。しかし、部族戦士の数が予想以上に膨れ上がっているのを見たカッシウスは、あえて攻撃しないことを選んだ。代わりに、時間をかけて敵の部族が互いに争うように仕向け、部族間を分断しながら次々と支配していった。

劇的な軍事的勝利を収めたことで、45歳にしてカッシウスは帝国の英雄になった。その褒賞として、帝国の東方にある全属州のインペリウムが与えられ、カッシウスは危険なほど皇帝に近い地位と権力を持つ存在になっていく。彼の高貴な血統が、その権威をさらに高めていた。彼の母親ジュリア・カシア・アレクサンドラは、古代ローマから続く勇猛な一族、カッシーの一員だった。彼女の父方はユダヤのヘロデ大王、母方はローマの初代皇帝アウグストゥスの血を引いていた。ジュリアはセレウコス朝シリアのアンティオコス4世の子孫であるとも言っていた。それはカッシウスが、アレクサンドロス大王の死後に、シリアだけでなくバビロニア、イラン高原などの地域を支配したセレウコス朝の末裔であることを意味していた。

カッシウスは統治者として生まれたも同然だった。高貴な血統と輝かしい戦績から、自らを皇帝ルキウス・ウェルスの後継者と見なしていた。しかし北方では、マルクスがクラウディウス・ポンペイアヌスを昇格させていた。ポンペイアヌスはシリア人の将軍であり、その出自はカッシウスの足元にも及ばないものだった。カッシウス同様、パルティア戦争中に頭角を現した人物だが、その後、マルクスの娘ルキラ（ルキウス・ウェルスの未亡人）と結婚していた。マルコマンニ戦争中には最上級の将軍を務め、皇帝の右腕と言われる存在になっていた。マルクスがカエサルになるよう誘ったが、何らかの理由でこれを断ったという噂があった。カッシウスは、自分の先祖がかつて支配したシリア出身の平民が自分以上の立場に昇進するかもしれないという考えに耐えられなかった。皇帝ルキウスが亡くなった後、着実に権力の階段を上っていたカッシウスは、今では東のローマ皇帝同然の存在になっていた。残っている階段は一段で、邪魔をしているのはマルクス・アウレリウスだけだった。カッシウスが手にした手紙にあった一言、「emanes」（「気でも狂ったか」）は、少年時代のマルクスにギリシア語の修辞学を教えたソフィスト、ヘロデス・アッティクスが書いたものだった。ヘロデスは手の込んだ演説をする雄弁家として知られていたが、この手紙には、ソフィストというよりもストア派お得意の簡潔なパンチが効いている。現状を表現するとしたら、この一言で事足りた。絶対的な権力への欲望に駆り立てられたカッシウスの動きが帝国全体を引き裂き、何百万の命を巻き込む内戦へとつながっていたからだ。

アレクサンドリアから1500マイル以上離れたところにある下パンノニア州（現在のセルビア）シルミウムにある駐屯地に、疲れ切った伝令が到着した。彼を迎えた兵士たちが、陣営の真ん中にある皇帝の幕営へ直行するよう伝令を急かす。カッシウス反乱のニュースがローマ帝国の東から首都を経由して北の辺境に至る緊急中継システムを使って届けられたのだ。マルクスに、「閣下、カッシウス将軍があなたを裏切りました……」と報告する伝令自身、そのニュースを信じられずにいた。

伝令は、この内容を裏付ける元老院の手紙を携えていた。そこには、「175年5月3日、アウィディウス・カッシウスが、アレクサンドリアのエジプト軍団からローマ皇帝として認められた」とあった。さらに伝令は、「皇帝が亡くなったという噂が流れています」という、カッパドキア州（現在のトルコ）総督であるマルティウス・ウェルスからの知らせも持っていた。マルティウスはパルティア戦争でカッシウスやポンペイアヌスと共に活躍し、大きな功績を残した将軍だ。これも憂慮すべき知らせだったが、マルティウスと彼の指揮下にある3個軍団はマルクスへの揺るぎない忠誠を宣言していた。その点は安堵できたものの、カッシウスはトロス山脈以南の地域（それはローマ帝国東部のおよそ半分を占めていた）で反乱への支持を集めたとのことだった。首都では、北の異民族に対する軍事行動に反対していた元老院議員の多くが、カッシウスを支持するよう主張していた。カッシウスは7個軍団を指揮下に置く類まれな将軍であり、彼の手中には帝国全体の穀倉地帯であるエジプトがあった。州都があるアレクサンドリアは帝国内で2番目に大きな都市であり、帝国最大の港を持っていた。エジプトからの輸出が途絶えると、ローマにパンがなくなり、暴動や略奪が確実に起こる。帝国の命運を左右する事態が起こったのだ。

このニュースが届く少し前、マルクスは重病を患っており、死期が近いとも言われていた。54歳になっていて健康状態が芳しくなく、ローマではそのことがゴシップの対象になっていた。マルクスの死期が迫っていることに怯えた妻のファウスティナが、帝位継承権を主張するようカッシウスに促したという噂があった。生き残った一人息子、コンモドゥスはまだ13歳だった。彼が成人する前にマルクスが死んだり帝位を簒奪されたりすれば、コンモドゥスの命が危うくなる。マルクスの死をカッシウスに先取りさせることで、他の帝位継承者を出し抜き、その上で自分がカッシウスと結婚する――コンモドゥスの帝位継承を守ろうとしたファウスティナがそう画策したと言われている。権力を握ろうとしたカッシウスが先頭に立ってマルクスが死んだという噂を流したという説や、皇帝死去の誤った情報に惑わされてカッシウスが早まった行動に出ただけだとする説もある。いずれにせよ、この事態を憂慮した元老院は、直ちにカッシウスを「ホスティス・プブリクス」(人民の敵)であると宣言、彼と彼の家族の資産を押収している。そのことが、かえって紛争をエスカレートさせていく。事態がコントロール不能に陥ったとカッシウスも感じていただろう。しかし、もう退くことができなかった。内戦は避けられないものになっていた。

カッシウスの動機が何であったにせよ、マルクスは自分の治世で最も深刻な危機に直面していた。北の戦争を離れて東へ進軍する準備に入らなければならなかった。皇帝の座を確保するために、カッシウスが軍団を率いて首都に向かう懸念もあった。ドナウ川沿いでマルクスに仕えている強力な軍団に対する評判は揺るぎないものだったが、迫り来るこの脅威によって首都はパニック状態に陥り、マルクスに対する元老院の批判も強まっていた。体調は芳しくなかったが、この反乱に対処する作業にすぐに着手することにした。

翌朝、マルクスは、元老院、カッパドキア軍団を束ねるマルティウス・ウェルス、そしてエジプトにいるカッシウス本人に宛てた手紙を伝令に託して出発させた。メッセージは明確だった。「自分は生きている。健康なので、すぐにローマに戻る」と皇帝自身が裏付けるものだった。北の異民族たちとの間に和議を結ぶ必要があった。それが終われば南東に向かっての進軍が可能になる。自分の姿を見せることで不安を鎮め、忠誠を誓ってくれたカッパドキア軍を強化することもできる。しかし、カッシウスの反乱を軍団に伝えるには時期尚早だった。兵士たちは今も異民族の抵抗勢力と交戦していた。また、和平交渉中の部族に帝国の危機を知られてはならなかった。

マルクスは、状況の不確実性について内省を続けていた。そして、カッシウスが自分は正しいことをやっているとどこかで信じているのだと推測した。ソクラテスやストア派が教えているように、故意に間違ったことをしているのではなく、何が善で何が悪かわからないまま行動しているだけなのだと。そして、カッシウスが自分を不快に思うのは、こういった哲学的態度を取るからだろうと考えた。カッシウスにとって寛容は、単に弱さの表れだからだ。このことが、二人の性格、二人の統治方法、二人の人生哲学、すなわち、一方の厳格と一方の寛容の相容れなさにつながっていた。

エジプトでの出来事を知らせる元老院からの公式文書を受け取ってから数週間が経っていた。反乱のニュースを受けてマルクスが最初にとった行動は、13歳のコンモドゥスを自分がいるシルミウムに呼び寄せ、成人したローマ市民の証となる大人のトガを身につけさせ、帝位継承を可能にすることだった。また、カッシウスの帝位継承を打ち砕くために、軍団に正式な後継者としてコンモドゥスを紹介する。皇帝が生きているという知らせはカッシウスにも届いているはずだが、彼が身を引いたという知らせが届くことはなかった。

結局、カッシウスの反乱は、トロス山脈を越えてカッパドキアまで及びはしなかった。それは、マルクスに忠誠を誓っているカッパドキア軍が攻勢をかけてきたとき、シリアを抑え続けるほどの兵力をカッシウスが持ち合わせていないことを意味していた。マルクスの周辺では噂と不安が渦巻いていた。兵士たちに、南東に向かって進軍し、カッパドキアでマルティウス・ウェルス軍と合流、シリアでカッシウスの本隊と交戦することを発表する時がきていた。

マルクスは、カッシウスや自分に敵対している元老院議員たちを思い浮かべながら、これからの一日に備えていた。いつものように、お節介や恩知らず、横柄、裏切り、嫉妬を受け入れる準備をしなければならないと自分に言い聞かせる〔『自省録』2−1〕。ストア派は、善と悪の本質、つまり、何が有益で何がそうでないかを理解している人が少ないので、過ちを犯す人が多いことを当然だと考えている。生まれながらの賢者はいないし、徳は教育や訓練を通して身につけていくものだ。マルクスは、不正義を行なっているように見えるカッシウスのような人の本質を理解する能力を哲学が自分に授けてくれたと考えていた。そして、敵対する者であっても、知恵と徳を得る可能性を共有する同胞であることを思い出していた。血こそつながっていないものの、親族のようなものであると。それに、彼らの行為が自分の人格を傷つけることはないので、最も大切なものを害されるわけではないのだ。この理解があったので、敵対されても怒りや憎しみを抱くことができなかった。歯の上列と下列を一緒にして食べ物をすりつぶすように、ともに学ぶために、今の自分とカッシウスが存在している。カッシウスに報復しようとすることのみならず、背を向けることでさえ理性に反し、自然の法則に逆らうことになる。マルクスは、反逆者を敵と見なすのではなく、医師が患者を診るように慈悲深く見守るべきだと自分に言い聞かせた。また、自分は人々から巨大な権力を与えられているので、逆境に対処するときに理性に従うことがいかに大切かを思い出していた。一連の内省を終えると、すぐに軍用マントを羽織った。ポンペイアヌスたちが部屋の外で彼を出迎える。陣営の中央に集められた兵士たちに向かって演説する時がきていた。

軍団の一員として兵士たちに挨拶をする。そして、東部での反乱に不平を言ったり、恨んだりしても意味はない、ゼウスの意志として受け入れようと語りかける。一方で、次から次へと戦争に従事させなければならないことを心から申し訳なく思うと謝罪する。マルクスには、カッシウスが最初に自分のところに来てローマ帝国への思いを語り、次に、軍や元老院の前で同じ内容を主張してくれればよかったのにという思いがあった。「カッシウスの意見を聞いて、そうする方が公益のためによいとわかれば、戦わずに自分が皇帝の座から降りる選択肢もあった」と兵士たちに伝えると驚きの声が広がっていった。しかし、内戦が始まってしまった以上、立ち向かうしかないのだ。

続けて、自分たちはカッシウス軍をはるかに凌いでいるので、楽観的になっていいことを兵士たちに思い出させる。確かにカッシウスは類まれな将軍だが、「カラスの群れを率いる鷲」に過ぎないので何も恐れることはないとちょっとしたジョークを飛ばす——この一言で控えめな笑いが起こる。

結局のところ、ここまで数々の勝利をもぎ取ってきたのはカッシウスではなく、マルクスの前に立っている兵士たちだった。さらに、カッシウスに劣らぬ名将マルティウス・ウェルスとカッパドキアで合流するのだ。マルクスは、皇帝が生きていることを知ったカッシウスが改心するかもしれないという希望を兵士たちに語った。かつて忠誠を誓った将軍が自分を裏切ったのは、皇帝が死んだという噂を信じたからだと。そして、カッシウスがこの反乱を続けたとしても、皇帝が北方から百戦錬磨の軍を率いて自分に向かって進軍してくることがわかれば、彼は考え直さざるを得ないだろうと兵士たちに伝える。

集まった兵士たちは、皇帝がストア哲学者であることを知っている。しかし、その後の話には唖然としたに違いない。自分の最大の願いは反乱に加わった者全員に慈悲を与えることだとマルクスが言ったからだ。

過ちを犯した人を許すこと、友情を足で踏みにじった人と友人でい続けること、信頼を裏切った人を信頼し続けること……。そう言っても、信じられないかもしれない。しかし、疑ってはならない。人からすべての善が失われることはない。そして、昔ながらの美徳が誰の中にも残っているものだ。ここにいる誰かがそれでも信じないと言うなら、信じられないことを見てもらいたいという私の願いが強くなる。この内戦を結論へと導き、内戦に対処する正しい方法があることを世界に示すことができれば、それが今の状況から得られる唯一の利益になるだろう。

この事態は不幸ではなく、気高く耐える機会が与えられた幸運であるとマルクスは付け加えた。それは少年の頃のマルクスに、ルスティクスや他のストア派の教師たちが教えたことだった。マルクスの言葉に怒りの色はない。兵士たちはマルクスをよく知っていたので、この衝撃的な裏切りにも、尊厳を保ちながら冷静に対処してくれるだろうと期待していた。それでも、この日、泥の中に立ってマルクスの話を聞いていた兵士たちは、帝位を簒奪しようとしているカッシウスだけでなく、それに賛同する人々をあっさり許そうとしている皇帝の態度に驚きを隠すことができなかった。

兵士たちへの演説を終えると、マルクスはその内容を元老院に送るように指示した。その後、自分の幕営に戻り、目を閉じて、この危機にどう対処すべきかの内省に戻っていった。

怒りを克服するには

長じてからのマルクスは穏やかとは言えない性格をしていたようです。そのため、短気を克服したいと考えていました。『自省録』の最初の文章で、祖父が温厚な人であったことを称えたあと、この覚え書きの残りを通して、怒りをどう乗り越えるかという課題に繰り返し戻っていきます［1-1］。怒りという情念に悩み、穏やかで理性的な人間になれるようマルクスが努力していたことは、彼自身がそう言っていることからわかります。『自省録』の第一巻に、時々カッとなりはしたものの、友人や家族、教師に対して過ちを犯さなかったことを神々に感謝しているという記述が見えます。疲労や慢性的な痛みに悩まされている人は、イライラしたり、怒りっぽくなったりするものです。眠りが浅い上に、激しい胸や胃の痛みに悩まされ、虚弱になっていたマルクスが、自分を操ろうとしたり、騙そうとしたりする人たちに苛立ちを覚えたのは当然のことかもしれません。

ストア派にとって、本格的な怒りは、決して身を任せてはならない理性をなくした状態です。しかし、ここまで見てきたように、問題が起こると自動的に苛立ちを感じるのは人間の本性です。ストア派は、こういったプロパセイアイ（原始的な情動）を避けられないものだと考え、それが生じた場合、無関心な態度で受け入れようとします。また、問題をもたらす人物が行動を改めてくれるよう「留保つき」で働きかけることもあるでしょう。軍団とともにマルクスがカッシウスに向かって進軍したように、断固たる行動を取ることもあります。ストア派であることは、受動的で従順な人間になることではありません。しかし、他人の行動などの「自分の力が及ばないもの」に腹を立てることはありません。さまざまな心理的手法を用いて怒りを中和し、それを冷静な態度へと決然と置き換えていくのです。

他者への共感と理解を深めることで怒りに対処する――このことが、『自省録』で繰り返し語られるテーマの一つになっています。現代の心理療法は、主に不安や抑うつに焦点を当てますが、ストア派はそれら以上に怒りをどう扱うかに関心を持っていました。セネカの『怒りについて』という本には、この情念にかかわるストア派の理論とその対処法が詳細に記されています。

人生の他の側面と同様に、怒りの扱い方についてもマルクスのロールモデルになったのは皇帝アントニヌスでした。アントニヌスからは、何よりも「優しさ」、そして「温和な心」を学んでいます。先帝のハドリアヌスと違って、アントニヌスは無礼な態度を取ったり、威張ったり、暴力を振るったりすることがなく、理性を失うこともありませんでした。置かれた状況をケースバイケースで系統立て、冷静に、そして、楽しんでいるかのようにトラブルを解決していました。『自省録』には、アントニヌスが「不当に揚げ足取りをする人々にどう我慢をし、誰かお返しすることがなかったか」とか、「自分の見解に公然と反対する人々に寛容を示し、誰かがより良い指摘をすると喜んだ」といった話が出てきます〔1‐16、6‐30〕。統治者としてアントニヌスが示した忍耐力と穏やかさは、マルクスが学んだ最も重要な美徳の一つでした。たとえ挑発されても冷静に対処することで知られるようになったマルクスですが、怒りっぽさを克服するにはアントニヌスをロールモデルにしたり、ストア派の心理療法を参照して訓練したりする必要があったのです。

ストア派の怒りに対する処方箋はどのようなものだったのでしょうか？　怒りは欲求の一形態であると彼らは考えていました。『哲学者列伝』のディオゲネス・ラエルティオスによれば、それは「不当なことをしたと思われる人に復讐したい欲求」です。誤解を恐れずに言えば、相手を傷つけたいとする欲求であり、「自分に対して悪いことをしたから、罰せられるに値する」と考えることなのです（「誰か、彼女を懲らしめてくれないだろうか！」と、別の人が危害を加えてくれたらという欲求になる場合もあります）。現代の認知理論では、「怒りとは、通常、自分にとって重要なルールが何らかの形で犯されたという信念に基づいている」と定義されていますが、その捉え方とあまり異なりません。怒りは、「不当な仕打ちを受けた」、「すべきではないことをされた」という考えから生じます。そして、相手から脅迫または危害を加えられたという印象と結びついていることが多く、恐怖と密接にかかわっています。それは、不当なことをしたと思われる人に復讐したい〝欲求〟なので、怒りに対するストア派の解毒剤は、第4章で説明した欲求に対する心理療法に似ています。欲求を解毒するための典型的なステップに、怒りという情念を当てはめてみます。

1　セルフモニタリングする。怒りにつながる初期警告サインを見つけて、エスカレートする前の芽のうちに摘み取る。例えば、声のトーンが変わったり、眉をひそめたり、筋肉が緊張したりする。また、誰かの行動を不当だと感じたり、自分のルールに反していると考えたりする（「あの女、よくそんなことが言えたものだ！」）。

2 **認知距離を取る。**その人の言動が自分を怒らせているのではなく、その言動に対する自分の判断が怒りを生んでいることを思い出す（「ふと気づくと、『あの女、よくそんなことが言えたものだ！』と繰り返し自分に言い聞かせていて、その判断から怒りが生じていることがわかった」）。

3 **先送りする。**その状況にどう対応するかを決める前に、怒りが自然に和らぐのを待つ。呼吸を整えて、その思いから立ち去り、数時間後にその思いに戻ってくる。それでもまだ何かしなければならないと思ったら、最善の対処法を決める。何もしなくてよいなら、思いを手放し、忘れるようにする。

4 **美徳のモデリングを行なう。**この状況に対して、ソクラテスやゼノン、マルクス・アウレリウスならどうするかを自分に問いかける。どんな美徳があれば、賢明な対応ができるだろうか？　過去に出会った人など、より身近な存在をロールモデルにした方がやりやすいかもしれない（「あの人なら、彼女の立場になって考え、共感し、忍耐力をもって対応するだろう……」）。

5 **機能分析する。** 怒りに身を任せた場合の結果と、理性に従ってこの状況を美徳（自制心など）を行使する訓練にした場合の結果を比較する（「怒りに身を任せると、彼女を怒鳴りつけたり、他のことで口論になったりして、会話できなくなるほど事態が悪化するだろう。気持ちが落ち着くまで待ってから辛抱強く彼女の話に耳を傾けてみよう。忍耐力の訓練だと思えばいい。彼女も落ち着き、こちらの意見を聞いてくれるかもしれない」）。

怒りが和らぐまで行動を先送りする――ストア派はこの概念を、マルクスの時代から7世紀近くも前に生きたピュタゴラス派から学んだと思われます。ピュタゴラス派は、怒りにまかせて話すことがなく、感情が静まるまでしばらく身を引くことで知られていました。冷静かつ理性的な対応ができるときだけ口を開くようにしていたのです。現代の心理療法でも、怒った状態から冷静さを取り戻すことを「タイムアウトを取る」と呼ぶことがあります。この基本的な姿勢に加えて、マルクスは怒りを別の視点から捉えるストア派の認知技術の数々を『自省録』に記録しています。しかし、怒りを感じている状態で視点を変えることは困難です。実際、私たちが犯しがちな間違いの一つは、怒りという強烈な情念に対処できる状態ではないときに、そうしようとすることです。代わりに、怒りが起こりそうな状況の前や、タイムアウトを取って落ち着いた後に、以下で説明する思考戦略を用いるようにします。

『自省録』に紹介されているアンガーマネジメント技術を、マルクスはアポロン――医学と治癒の神、心理療法の神でもある――と彼の９人のミューズからの贈り物と言っています。これらは怒りに対するストア派の処方箋と言えるものです。

１　私たちは社会的動物であり、互いを助け合うようにできている

怒りに対処する方法としてマルクスが最初に挙げた戦略は、「人は、本来、社会的な存在であり、コミュニティの中で生き、互いを助け合うようにできている」というストア哲学の教えを思い出すことでした。私たちには、可能性を追求して繁栄するために仲間と調和して生きる義務があります。

『自省録』第二巻の冒頭の節で、マルクスは毎朝、厄介な人に対処するために精神的な準備をしていると書いていますが、そこで「私たちは協力するために生まれてきた。だから、同胞に対して怒ることも、憎むこともできない」と付け加えています。恨みを感じたり、他人に背を向けたりして妨害し合うことは、理性や社会に反する行為だと彼は考えていたのです。そして、理性的な生き物にとっての善は、部分的には他者と交わろうとする態度の中にあると言います。また、他者との交わりを無視することも自然に反することであり、不正であり、不遜でもあると主張しています［２‐１、５‐16、９‐１］。

ストア派は、他の人々と調和して生きることを目指しますが、それはすべての人が友人のように振る舞ってくれることを期待するという意味ではありません。それどころか、愚かであったり悪意があったりする人々との出会いを予期し、それを避けられないものとして受け入れる準備をします。不愉快な人とか敵意を持つ人に怒りをもって接するのではなく、知恵と美徳を行使する機会にするのです。厄介な人たちを、医師が出してくれた処方箋とか、レスリングのコーチから割り当てられたトレーニングパートナーのように見るのです。私たちはお互いのために存在している、だから、悪徳で目が曇っている人を導けないのであれば、せめて許すことを学ばなければならない、とマルクスは言います［8-59］。そうすることで徳を養い、レジリエンスを高めることができます。

人間関係の中で忍耐力をテストしてくれる人がいなければ、美徳を示す機会は生まれません。ローマの史実に基づいて書かれた『マルクス・アウレリウスの弔辞』というタイトルの小説があります。その中に、ストア派の教師アポロニオスが「邪悪な人たちがいるのは確かです。そして、彼らはとても有益な人たちです。彼らがいなかったら、美徳がどこで必要になるでしょう?」と言うくだりが出てきます。

2 その人の性格を全体として考える

次の戦略は、自分を怒らせている人を完全な形で思い浮かべることです——あなたを苛立たせる性格や行動だけに焦点を合わせないようにするのです。マルクスは、自分を怒らせる人が、実際、どのような人なのか注意深く観察するよう自分に言い聞かせ、その人の日常生活を想像していきます。夕食のとき、眠っているとき、セックスしているときなどを。さらに、傲慢になっているとき、誇っているとき、腹を立てているとき、どのような人なのか。また、自分の欲望のために、奴隷のようになって他人に奉仕している様を『自省録』10-19)。

怒りにつながるその人の言動だけに注目するのではなく、意識を広げて、その人を全体として捉えるようにします。そうすれば、すべての人と同じで相手が完璧な人間ではないことを思い出すことができます。視野を広げてその人を見れば、怒りの感情が薄れてくる可能性があります。これは、「分析による価値低下」のバリエーションと見なすことができます。

マルクスは、自分を憎んだり、非難したり、中傷したりする人がいたら、その人の心に分け入り、その人が実際にどのような人であるかを理解する必要があると言います。その理解が深まれば深まるほど、徳に従って行動するあなたに対する敵意が見当違いであり、怒って対応するほどのものではないことがわかってきます。マルクスはこういった視点からカッシウスを見ていたので、内戦という突然の危機にも冷静に対応できたのでしょう。

その人は、誰を、どのような目的で、どう行動することで喜ばせたいのでしょうか？　人生の指針となっている原則は何でしょう？　いつも何に時間を費やしているでしょうか？　その人の魂があなたの前で裸になり、誤っている部分が明らかになる様を想像します。それらを思い浮かべていけば、その人の非難になんの権威もないことがわかってきます〔同9-27、7-62、6-59、9-34〕。そして、感情的になっていたことが馬鹿らしくなってくるでしょう。

賢者は「自然と調和して生きている人」の意見にしか注意を払わないようにしているので、常に相手がどのような人であるかを観察しています。そして、悪意ある人たちを、自分自身に対する愛がなく、自分から疎外されている人たちだと考えています。彼らの誤った信念や判断が悪意を生んでいるので、その人自身が実は犠牲者であると見ることもできます。マルクスは、彼らがいかに自分の誤った意見に目がくらんで、そう行動せざるを得なくなっているかに注目すべきだと言います――彼らは本質的な幸福が何かを知りません。そのことを理解できれば、非難を無視し、その人を許し、それでも必要なときは行動をもって立ち向かえばいいのです。

3　望んで過ちを犯す人はいない

知って悪を行なう者はいない。つまり、自ら進んで悪を行なう者はいない――これは、ストア派にも引き継がれたソクラテス哲学のパラドックスの一つです。カッシウスは自分が正しいことをやっていると信じている、しかし、単に誤っているだけではないかとマルクスは考え、「疑わしきは罰せず」の態度で事態に臨もうとしました。『自省録』の中に、「その人は善を行なっているのか？　悪を行なっているのか？」の単純な二項対立で事態を捉えるべきだという記述があります。つまり、その人が善を行なっているなら、それを受け入れ、苛立つのをやめる。そして、怒りを手放してその人から学びます。しかし悪を行なっているなら、その人は善が何かを知らないからだと仮定します。間違えることを望む人はいないとソクラテスは言いました。理性的な人は本質的に真実を求めるものです。だから、何が善であるか勘違いしている人がいたら、その人に対して怒るのではなく、気の毒に思うべきなのです。

悪質だとか恥ずべき人だと言われたら、誰もが腹を立てます。ある意味、人は、自分は正しいことをやっている、少なくとも受け入れられるはずだと信じて行動を起こします。どれほど倒錯した行為であっても、その人の心の中では正しいことが行なわれているのです。悪意を持っているのではなく、善を行なおうとしながらも知恵を持ち合わせていないために過ちを犯していると考えるなら、他人に対してもっと優しく接することができます。マルクスは、誰かに悪いことをされたと思ったら、最初にその人が善と悪についてどのような意見を持っているかを熟考すべきだと言います。その人にとっての善悪が理解できれば、その行動に驚く理由がなくなります。そのことが怒りの感情を弱めるはずです［7-63、7-26］。判断の誤りは、病気や狂気と同じように人を圧倒し、その人を変えてしまいます。その点を考慮に入れる必要があります。

ものをよく知らない子供たちが間違いを犯したとき、厳しく裁くことはありません。そして、子供と同じような過ちを犯す大人がいるのも確かです。無知になることを望んではいないのに、無意識のうちにそのような行動を取ってしまっているのです。

善悪について理解していない人たちは深刻なハンディキャップを背負っている、しかし同胞でもある、だから、私たちの方で思いやる必要があるとマルクスは言います。徳を忘れると怒りなどの情念へと導かれ、それは簡単に制御不能に陥ります。怒りを覚える人に対しては、無知ゆえにそう行動することを強いられていると考えて、私たちの方で怒りを手放す必要があります。エピクテトスは、不愉快な人に出会ったときは、「彼にはそうすることが正しいと思えたのだ」と繰り返し自分に言い聞かせるよう生徒たちにアドバイスしていました（『自省録』2-13、10-30、『提要』）。

4 自分を含め、完璧な人はいない

苛立ちを覚える相手が完璧ではないことを思い出せば、その人の批判を感情的にならずに受け止めることが可能になります。同時に、自分も完璧ではないことを思い出すと、怒りの感情がさらに和らぐでしょう。自分に欠点があることを認めずに他人を批判することは、まさにダブルスタンダードです。マルクスは、自分も今までに過ちをたくさん犯してきたので、その点で怒りを感じる人と同じだと考えていました。他人の過ちに腹が立ったら、それを一時停止の合図にし、自分へと注意を転じて同じような過ちを犯していないか省みるようにしていました［『自省録』10－30］。そして、自分も結果を恐れたり、評判が気になったりするために悪事に手を染めずにいることがあると正直な自己観察をしています。ある悪徳を犯すことを妨げているのは、別の悪徳だけだと彼は言います。例えば、徳があるからではなく、捕まるのが怖いという理由から犯罪を犯すことを控える人が少なからずいます。悪事を働かないにしても、その気になることはあるかもしれないということです。マルクスがカッシウスの話を聞こうとしたのは、自分が非の打ち所のない人間とは思っていなかったからです。

ストア派に教祖はいません。この学派の創設者であるゼノン、クレアンテス、クリュシッポスでさえ、自分が完全に賢明な人間だとは主張していませんでした。彼らは、すべての人が、部分的に愚かになったり、悪意を持ったり、情念の奴隷になったりすると信じていました。賢者は完璧な人だと定義されますが、それは〝ユートピア社会〟という概念と同じで架空の理想像です。皮肉なことに、他人に対する私たちの怒りは、情念の影響を受けて私たちが過ちを犯す可能性があることを示しています。自分も含めて人間には過ちがつきものであることを思い出すと、怒りの感情を和らげる助けになります。

5 他人の動機を特定することはできない

他人の心を読むことはできません。そのため、相手の意図をすぐに結論づけることには危険がともないます。その人の意図がわからなければ、間違ったことをしていると断言することはできないはずです。一見、悪く見えるようなことであっても、正当な理由として信じられるものがあれば、人はそれを行動に移します。ローマ法廷の裁判官として豊かな経験を積んでいたマルクスは、人を見る目に長けていました。また、ある人の性格や動機について意見を述べるには、その人について多くを学ぶ必要があることも知っていました——とはいえ、その手続きを踏んだとしても、確率に基づいて結論づけることしかできないのです。そのため、カッシウスの反乱に際しても彼の心の中に何があるかを知ることはできないと当然のように考えていました。

怒りに身を委ねるとき、私たちは相手の動機を決めつけています。行動療法ではこれを「マインドリーディングの誤謬《ごびゅう》」と呼んでいます。それは、相手の動機が部分的に隠れているかもしれないのに、結論に飛びつくことを指しています。そうならないためには、相手の意図が間違っていない可能性を常に考慮する必要があります。その人の行動に妥当な解釈がないか考えてみましょう。心を開いて事態を捉えると、怒りを和らげる助けになります。

6 相手も自分も死ぬ存在であることを忘れない

マルクスは、出来事を俯瞰的に見ることで、その出来事の〝はかなさ〟（一時性）に焦点を当てるようにしていました。自分が怒っている相手も、自分もいずれは死んで忘れ去られていくという観点から眺めると、その人の行動に苛立つことの価値がなくなっていきます。永遠に続くものはありません。将来、この出来事を振り返ったときに些細なことだと思えるのであれば、今、それを強く気にかける必要があるでしょうか？　何もしなくていいという意味ではありません。冷静でいることができれば、よりよい対処法が浮かんでくる可能性が高まります。カッシウスが内戦を仕掛けてきたとき、マルクスは手をこまねいていたわけではなく、大軍を動員し、進軍を開始しています。しかし、そうしながらも判断を曇らせる怒りに身を任せようとはしませんでした。

『自省録』はカッシウスが内戦を起こす前に書かれたものであると考えられていますが、マルクスはこの内戦に際しても、『自省録』に記した内容と同じ哲学的態度で臨んだと思われます。一大事であるとはいえ、この出来事も過ぎ去っていく――宇宙が変化していく必然を忘れないようにしていたのです。

後述しますが、カッシウスの反乱は短命に終わります。カッシウスの彫像で今に残るものはありません。わずか数か月とはいえ、軍団に認められて東のローマ皇帝になったカッシウスの名前を知る人はほとんどいないでしょう。マルクスは自分の名前もいつか忘れ去られることを念頭に置いて決定を下していました。後世の人の評価を意識せず、理性に照らし合わせて善だと判断したことだけを行なうようにしていたのです。永遠に続くものは何もない――その事実を思い出せば、相手に腹を立てる価値のなさが際立ってきます。

7　私たちを動揺させるのは私たちの判断である

怒りへの対処法として、マルクスが認知距離を取り入れるのは当然のことと言えます。怒りを感じたときは、その怒りが出来事や相手ではなく、自分の判断から生じていることを思い出します。その価値判断を手放し、他人の行動を「ひどい」と見なさなければ、怒りの感情は薄れていきます。もちろん、セネカが指摘したように、ストア派がプロパセイアイ（原始的な情動）と呼ぶコントロールできない最初の怒りの感情があります。この情動は、私たち人間が他の多くの動物と共有している自然なものです。そのため、嵐に巻き込まれたストア派の教師の不安（72ページ参照）のように、誰も避けることができません。しかし、そこから先、同じ状態を続けるかどうかはその人次第だとマルクスは言います。最初の反応はコントロールできないかもしれませんが、訓練すれば、そこからどう反応するかはコントロールできるようになります。重要なのは、最初に何が起こったかではなく、次に何をするかです。

最初の〝怒り〟に巻き込まれずに、一時停止して認知距離を取るにはどうしたらいいでしょうか？　他人によって自分の人格が害されることがないことを思い出せばいいとマルクスは言います。大切なのは、自分が善を行なっているか悪を行なっているかであり、誰もそこに立ち入ることはできません。相手はあなたの財産や体を害することができます。しかし、そうすることを許さない限り、あなたの人格を害することはできません。マルクスが言うように、「害を受けているという意見を手放せば、害を受けている感覚が消え、その感覚が消えれば、実際の害が消える」のです〔『自省録』４-７〕。しかし多くの場合、自分を怒らせているのが出来事ではなく、出来事に対する自分の判断であることを思い出すだけで、怒りの感情を弱めることができます。

8　怒りは害にしかならない

マルクスは、認知距離を取った後、よく機能分析（152ページ参照）を行なっていました。怒りに任せて対応した場合の結果を考え、次に、理性的になって落ちつき、共感や優しさとともに対応した結果と比較したのです。怒りが実際には善よりも害をもたらすことを思い出すだけでもいいでしょう。ストア派は、怒っている人がいかに醜く不自然に見えるかを考えるのが好きでした――ひどい病気に苦しんでいる人のように、しかめ面がさらに歪んでいき、顔色も暗赤色になっていきます［同7-24］。マルクスは怒りによって変わった醜い顔を、不自然で理性に反するものの表れだと考えていました。

怒ることで何が得られるでしょうか？　ほとんどの怒りはまったく無力です。たとえ怒りを爆発させたとしても、相手は同じことをやり続けることを心に留めておいた方がいいとマルクスは言います［同8-4］。怒りは無駄であるだけでなく、さらに悪いことに逆効果でもあります。ほとんどの場合、怒りを我慢するエネルギーよりも、怒りを爆発させた結果に対処するのに使うエネルギーの方が大きくなります。ストア派は、人が怒るのは、他人の行動によって自分の利益が何らかの形で脅かされていると思い込むからだと言います。しかし、自分の怒りの方が自分をもっと脅かしていることがわかれば、必然的に怒りの力が弱まっていきます。

軽視された事実よりも、軽視されたことに対する怒りの方が私たちを害します。他人の行為は私たちの〝外部〟にあり、私たちの人格に触れることはできません。しかし、私たち自身の怒りは、私たちの人格を欲にかられた動物のような別の何かに変えてしまいます。マルクスは、自分が許さない限り、他人の悪徳が自分の人格に侵入できないことを思い出すようにしていました。怒りはそれを経験する人に最も大きな害をもたらしますが、皮肉なことに、怒っている人は、その怒りを止める力を持っています〔同8-55、7-71〕。そのため、ほとんどのケースにおける最優先事項は、怒りを引き起こした出来事に対処することではなく、自分の怒りにどう対処するかにあります。

『自省録』の中で、マルクスは「悪いことは悪い人に任せよ」と頻繁に語っています。「その人が私に悪いことをした？　それはその人の問題であって、私の問題ではない」と。悪事を働く人は自分に対して悪事を働いている、不正を働く人は自分に対して不正を働いている、なぜなら、その人が傷つけているのはその人自身であるからだと考えていたのです。悪事を働く人はその人自身の人格を傷つけているだけなので、こちら側が「私を怒らせ、傷つけた」と価値判断して、その人の不幸に巻き込まれる必要はないということです〔5-25、9-4、9-20〕。

マルクスは「邪悪な人が抱くような意見を、あるいは邪悪な人がこちらに抱かせたいと思っている意見を抱いてはいけない」と自分に警告しています。最高の復讐というものがあるとしたら、相手に腹を立てて相手のレベルまで落ちないことです〔7-65、4-11、6-6〕。もし誰かがあなたを憎んだとしたら、それは憎む人の問題です。その憎しみは私たちの力が及ばないところにあります。私たちにできるのは、憎まれるに値するようなことをしないことだけです。

9　自然は怒りに対処する美徳を私たちに与えている

マルクスは、怒りが生じたときに、美徳の観照と呼ばれているストア派のテクニックを使うことも勧めています。それは、怒りに対処するために用いることができる自分の美徳や能力を自問することです。「他の人たちは怒りにどう対処しているだろうか？」、「ロールモデルだったらここでどうするだろうか？」、「正気を失うほどの怒りに対して、他の人がどう振る舞ったらその人を称えるだろうか？」と問うこともできます。マルクスはこの世界に悪事が存在することを必然として受け入れていました。その上で、「この悪事への対処法として、自然が人に授けた美徳は何だろうか？」と自問していました。彼は美徳を、悪徳に対して自然が処方してくれた「解毒剤」だと言っています〔『自省録』9-42〕。

怒りに対するマルクスの解毒剤は「思いやり」でした。それは「公正さ」とともに、社会的な美徳である「正義」を構成するものです。ストア派は〝怒り〟を「人を傷つけたい欲求」であると捉えていましたが、「思いやり」はその逆で、「人に好意を持ち、助けようとする欲求」です。しかし、そうすることを相手がどう感じるかは、私たちの力が及ばないところにありまず。そのため、ここでも「運命が許してくれるなら」という留保つきで思いやりや善意を示します。ストア派は、（他の人に利益をもたらすという）目標を定めますが、カトーの射手と同じように、思いやりを示す行動ができたらそれで満足し、どんな反応があろうとその結果を落ち着いて受け入れます。

マルクスは、自分に対して敵意を持つ人との例を挙げています。そして、「そうではない、息子よ。私たちは別の目的のためにつくられている。私は害を受けないが、君は自分を害しているよ」と、相手が正しい方向へ向かうよう励ますシーンを想像しています。さらに、ミツバチなどの共同生活をする生き物と同じように、人も対立するのではなく、互いに助け合うものであることを相手に思い出させる努力をすべきだと自分に言い聞かせています。皮肉を込めたり叱ったりするのではなく、優しく語りかけ、教師のように、あるいは傍観者を感心させるために〝講義する〟のではなく、誠実かつ率直に語るべきだとしています。これは、息子のコンモドゥスにどう話しかけるべきか考えていた例なのかもしれません。

ストア派にとっての思いやりは、本当の幸福とは何かを人に伝えることにあります。それは、「運命が許してくれるなら」敵を悪徳や情念から解放し、友人に変えようとする試みです。マルクスが言う「思いやり」は先に述べた2つの考え方を相手に伝えることを意味していました。

1 怒りは、怒りをぶつけている相手よりも自分を害すること。

2 人間は本質的に社会的な生き物であり、自然は、争い合うのではなく助け合うことを意図して私たちをつくっていること。

マルクスは「思いやり」も二項対立にしています。相手にこの内容を伝えた結果は、その人の考えが変わるか変わらないかのどちらかです。伝わるかもしれないので伝えるべきですが、伝わらないのであれば怒らずにその事実を受け入れるようにしていました。そして、怒っている相手の立場を配慮し、その人と和解するための巧妙な方法を編み出そうとしています。このスタイルは、若い頃のマルクスの行動を正すためにルスティクスらが用いた方法から学んだものかもしれません。

10 他人に〝完璧〟を期待するのは狂気である

マルクスは以上の9項目を、心理療法の神であるアポロンを取り巻くミューズたちからの贈り物と呼んでいました。さらに、アポロン自身からのアドバイスとしてもう一項目を加えています。それは、悪に染まった人に悪いことをしないよう期待することが狂気であるということです。不可能を望むことになるからです。また、悪人が自分以外の人に行なう悪行を、あの人は悪人だからと受け入れながら、その人が自分に悪行をしないことを期待するのも愚かなことです。

合理的に世界を見れば、驚くことがなくなります。そして、この世の中に善人と悪人がいることを私たちは知っています。悪いことをする悪人にそうしないことを期待するのは不合理です。ストア派は、「邪悪な者が邪悪でない行動をとるのは不可能であり、その不可能を望むことは狂気である」と考えます。それは、赤ちゃんに泣かないようにと願い、泣いたら怒るのと同じくらい愚かなことだと言えます〔『自省録』5-15、12-16〕。

マルクスが、強大な権力を手に入れたカッシウスの裏切りに備えていたことも容易に想像できます。不意を突かれた元老院がカッシウスの財産没収に走ったので内戦の可能性が高まりましたが、マルクスはまるで予期していたかのように落ち着き、自信をもってこの事態に対応しています。

動揺したとき、人は「信じられない！」と言います。しかしたいていは、裏切り、欺瞞、侮辱など、実際はこの世の中にありふれている出来事を「信じられない！」と表現しているのです。ストア派は、この「信じられない！」という感情的な反応が、必要以上の誇張であることに気づいていました。そのため対照的に、「驚くには値しない、起こるべくして起こっている——それが人生というものだ」といった視点から事態を眺めます。マルクスは、誹謗中傷や裏切りなどを含めて、「起こることはすべてありふれている。春の薔薇《ばら》や夏の果実のように、どれも馴染み深い出来事だ」と語っています。悪人が悪い行動をしたことに驚くとしたら、不可能を期待した私たちに非があります〔同4-44、9-42〕。悪人が犯しそうな悪を予測することは難しいことではありません。しかし、実際にそれが起こると、私たちはまるで衝撃的な出来事であるかのように振る舞います。恥を知らない誰かの行動に怒りを覚えたときは、「この世の中に不愉快な人間がいないと思っていたのか?」と自問するといいでしょう。もちろんいます。したがって、不可能は要求しないようにし、悪事に遭遇したときは先の自問を用いるようにします。マルクスは、悪徳に対してショックや驚きで反応するのではなく、以上のような態度を取ることでその人を思いやる余裕が生まれると考えていました。

『自省録』全編を通して、マルクスは怒りに対処する方法である「アポロンと彼の9人のミューズからの贈り物」のどれかへ何度も戻っていきます。

悪いことをされた人でさえ愛するのは人間特有の行為だ。彼らは同族であり、無知ゆえに意図せずに罪を犯したのである。まもなく君とその人の二人とも死んでしまう。そして何よりも、君に悪いことをした人は君に対して何の害も与えていない。なぜなら(君の人格を)以前より悪くしていないからだ。

［7-22］

この記述は明らかに10の贈り物から派生したもので、次もそうです。

何に不満を持っているのか？　人間の邪悪さか？　この結論を心に留めるがいい。理性的な生き物はお互いのためにつくられていること、寛容が正義の一部であること、人が心ならず不正に手を染めること、そして、過去にどれほどの人が、互いの敵意や疑念、憎悪の中で人生を過ごし、短剣を突き立てあった後、地に横たわり、灰になっていったかを。［4-3］

怒りに対処する際にマルクスが最も頼りにした戦略は、ミューズからの最初の贈り物です。彼は、自然が他人を兄弟姉妹や親族と見なして協働することを意図して私たちを存在させていることを思い出すようにしていました。敵であっても同族の一員であると考え、お互いの人生がスムーズに進むよう、その人と調和して生きようとしたのです。

マルクスは、我を忘れて怒りそうになったときは、10項目から成るこのリストを手元に置くようにしていました。「怒りを爆発させることは男らしくない、むしろ、温厚で優しさをもつ方が、男らしく人間的でもある」とマルクスは考えていました。彼を「哲学する老婆」と呼んで侮辱していたカッシウスと比べると、これは印象的な見解です。カッシウスはマルクスが弱い男だとほのめかしていましたが、マルクスは、怒りに身を任せてしまうカッシウスのような男より、挑発されても優しさや思いやりを発揮できる男の方が男らしいと考えていたのです。カッシウスのような人物は、情動的な怒りを強さと勘違いしています。マルクスをはじめとするストア派は、それを弱さの顕著な表れだと見ていたのです。ここで話を戻しましょう。鷹のカッシウスと鳩のマルクスの内戦はどうなったのでしょうか？

南東への進軍とカッシウスの死

カッシウスの反乱に際しても、マルクスは日々の内省によって落ち着きを保っていた。毎朝、難しい人との出会いを準備していたので、帝位簒奪者の出現も驚くべきことではなかった。そして、この事態を受け入れ、行動を起こす段階に入っていた。進軍だ。兵士たちはマルクスを神々から祝福された神君として見ていた。そして、裏切り中の裏切りとも言えるこの事態にも冷静に立ち向かおうとする皇帝に謙虚に従おうとしていた。

元老院によるカッシウスの財産没収が混乱に拍車をかけていた。民衆は、マルクスの不在中にカッシウスが首都に攻め込み、復讐のために略奪の限りを尽くすのではないかという恐怖の中にいた。そのため、優れた武将であるヴェティウス・サビニャヌスをパンノニアから首都へと派遣し、守護に当たらせることにした。また、カッシウス軍を抑えるために、北の最前線にいた上級将校ヴァレリウス・マキシミアヌスに2万の騎兵を与え、シリアに急行させている。

当初、カッシウスは有利な立場にいるように見えた。シリア軍団を配下に置き、帝国の穀倉地帯であるエジプトが大義に加わったことで、反対勢力が彼の下に集結し始めていた。

しかし、反乱に対する支持がシリアの北側に広がることはなかった。カッパドキアと、その北にあるこれもローマの属州であるビテュニアの軍団が皇帝に強い忠誠を誓っていたからだ。マルクスは元老院からの支持も得ていた。

カッシウスは、シリアに3個、ユダヤに2個、アラビアに1個、エジプトに1個の合計7個軍団を率いていた。しかしそれは、マルクスがローマ帝国全土で指揮している兵力の3分の1にも及ばないものだった。また、マルクスの北の軍団は、統制が取れたベテラン兵士の集まりだったが、カッシウスが率いる軍団は、厳格な規律を敷いたにもかかわらず、噂になるほど弱いものだった。

カッシウスが皇帝に即位して3か月と6日後。シリアに向けて進軍しているマルクスの本隊に、伝令がカッシウス暗殺という驚くべきニュースを伝えてきた。カッシウスが陣中を歩いているときに、馬に乗ったアントニウスという百人隊長が、通りざまにカッシウスの首に刃を突き立てたのだ。重傷を負って逃げようとしたカッシウスを、下級士官が待ち伏せていた。そして、アントニウスと一緒になって彼の首を切り落とし、その首を袋に入れてマルクスの元に届ける途上にあるというものだった。数日が経ち、簒奪者の首を持ったアントニウスとその仲間がやってきた。マルクスはかつての盟友の首を見ることを拒否し、暗殺者たちを追い返している。そのとき、カッシウスの首を手厚く葬るように指示を出している。兵士たちは歓喜に沸いたが、マルクスは喜ぶことができなかった。

この内戦は、マルクスが存命であること、軍団を率いて自分たちに向かって進軍してくることをカッシウス軍が知ったことで、突然の終わりを迎えることになった。反乱軍を許すとのマルクスの言葉は、カッシウスの死刑執行令状に署名するも同然だった。カッシウス軍には、進軍してくるマルクスの強力な軍団相手に戦う理由がなくなっていた。カッシウス軍に対するマルクスの恩赦を阻んでいたのは、身を引くことを拒んでいるカッシウスだけであり、そこで彼の運命が決まったのだ。

西暦175年7月、マルクスは再びローマ帝国で唯一の皇帝として認められることになった。カッシウスには、残虐で気が変わりやすく、信頼に値しないという評判があった。結局、自分が長年にわたって兵士たちに示してきた無慈悲な扱いを自身が受けることになったのだ。対照的に、マルクスは寛容と誠実で知られており、カッパドキアやビテュニアに置いた軍団が揺るぎない忠誠心で彼に報いたとき、勝利は確実なものになっていた。

内戦終了後、マルクスがカッシウスの家族や同盟者に厳しい措置を講じることはなかった。処刑したのは、陰謀に関与した者のうち、余罪がある一握りの者だけだった。また約束通り、カッシウスの指揮下にあった軍団を罰することはなく、単にそれぞれの持ち場に帰らせただけだった。カッシウスを支持していた都市も赦免した。さらに元老院に手紙を書いて、院内で反乱に関与した議員に対して寛大な処置を取るよう訴えている。議員だけでなく加担した貴族を処罰したり処刑したりしないこと、追放した人々の帰国を許すこと、押収した物品を持ち主に返還することを求めたのだ。カッシウスの子供たち、カッシウスの義理の息子たちも赦し、移動の自由を保障するだけでなくカッシウスの財産を公平に分配するように命じてもいる。マルクスは、内戦中に殺された者だけをこの反乱の犠牲者にとどめることを望み、その後の魔女狩りや復讐を禁じている。

皇后ファウスティナは、反乱が鎮圧されて半年も経たない176年春に亡くなっている。カッシウスとの関係から自殺したという噂が立ったが、妻を深く愛していたマルクスは、彼女が息を引き取った街をファウスティノポリスと改名し、神殿を建立する神格化を行なっている。また、翌年の177年にはコンモドゥスを共治帝に任命している。しかし、180年のマルクスの死後、カッシウスの子孫を悲劇が襲う。コンモドゥスが父の慈悲を覆し、カッシウスの子孫を狩り出しては、裏切り者として生きたまま焼いていくことになるのである。

第8章

空からの眺め

西暦180年3月17日、ウィンドボナ。護衛に立った若い将校に近づくよう手招きし、その耳元に囁いた。「昇る太陽に向かって行け、私はもう沈みつつある」。そう口にするのがやっとだった。若い将校の目に恐怖の色が浮かぶ。しばらくためらった後、彼はぎこちなくうなずき、私の幕営の入り口にある持ち場へと戻っていった。シーツを頭上まで引っ張り、居心地が悪い寝返りを打つ。四方八方から死が手招きをしている中で、最後の眠りに就こうとしている。この不快感から解放されて忘却の彼方に滑り込んでいけたら、どれほど心地よいだろうか。年老いた体を疫病が内側から蝕んでいる。すべてが静かになって、意識と無意識の間を行ったり来たりしている。しかし、死ねない。まぶたが重たくなってきている、そろそろ閉じよう——そ

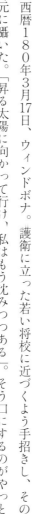

の思いとともに、意識が無意識に溶けていく甘い感覚が忍び寄ってくる。

眠ったのか、意識を失ったのか。目を開けているのか閉じているのかもわからない。やがて夜が明け、スズメが朝の歌を囀り始めるだろう。春が来ている。凍った小川が融け出し、融け出した水が、この陣営からほど近いドナウ川へと流れ込んでいく。

ドナウ川には昔から川の神の化身が棲んでいる。兵士たちがそう噂していた。耳を澄ますと、その化身が万物は変化している、すべてがいつかは消えていくと囁いている。「同じ川には二度と入れない、いつも新しい水が流れているからだ」と言ったのはヘラクレイトスだった。自然もすべてを一掃していく奔流だ。何かが生じるやいなや洗い流して、別の何かを運んでくる。私の上流には忘れてしまった過去があり、下流には計り知れない未来が待っている。そのすべてが視界から消えようとしている。

もう医者も薬も必要ない。人生という空騒ぎから解放され、川が私を洗い流す時が来たのだ。生も死も変化であり、逃れることはできない。避けられない変化から目を逸らすことは可能だが、それは愚か者のゲームになっていく。

肉と酒と魔法の呪文で、

流れを変え、死を近づけるな。

［エウリピデス「救いを求める女たち」］

そうつぶやきながら、男たちは自分で創作した悲劇の奴隷になっていく。もろくてはかない世界に興味を持ち、プライドで自分を膨らませるか、不満に苦しむことになる。しっかりと立つ足場はどこにもない。すべてを過去へと急き立てる奔流の中にいるからだ。

ドナウの川岸にスズメの巣があり、その中にいるスズメの子に心を奪われることがある。しかし、愛でることができたのはわずかの間で、すぐに飛び立って視界から消えていった。かつて私は小さなスズメたちに心を寄せていた。私が巣の中の雛と呼んだ、ファウスティナが与えてくれた13人の男の子と女の子たち——生き延びたのはコンモドゥスと、今、私のために泣いている4人の女の子だけだった。残りの雛たちは、とうの昔に飛び立っていった。喪失を悼むのは自然なことだ。子を失うと悲しみに暮れる動物も多い。その中で、人の悲しみだけが限界を超えて憂鬱の中へと流されていく。私もそうだったが、愛しているものを自然が取り戻しにきたときどうすればいいかをストア哲学が教えてくれた。痛みを受け入れること、それに耐えること、増やさないようにすることだ。

マルクス・アンニウス・ウェルスも飛び立っていった。子供のときの私の名前であり、何世代にもわたって我が家に受け継がれてきた名前を授けた小さなマルクス。彼は、腫瘍を取り除く手術の最中に医師の診察台の上で失血死してしまった。悼むことができたのは、北の異民族と戦うために旅立つまでの5日間だった。のちに、アポロニオスがエピクテトスの言葉を思い出させてくれた。「冬にイチジクを欲しがるのは狂人だけだ」と。それは、自然に逆らって何かを求めることを指している。私は彼らを愛していた。しかし、誰もが死にゆく存在であることに変わりはない。

風に吹かれて地に落ちゆく木の葉、
それが、人の世代というもの。

［ホメロス『イリアス』］

私の子供たちも木の葉のようなものだった。春とともにやってきて、冬の木枯らしで散っていき、次の春になると別の若葉が取って代わる。永遠に枯れないでほしいと願う心は、心地よい光景しか見ようとしない目と同じだ。好むと好まざるとにかかわらず、すべてが変化していくこの世界を拒むことになる。

生と死がコインの表裏であることを賢者は知っている。息子が戦死したという知らせを受け取ったクセノポンは、「彼の人生に限りがあることはわかっていたよ」と言ったそうだ。生まれたからには死ななければならない真実から、クセノポンは目を逸らすことがなかった。幼い頃に父を亡くした私もこの真実を知ることになった。母が父を埋葬し、やがてその母を私が埋葬することになった。養父であるアントニヌス帝が私の叔母でもある皇后を埋葬した後、私と弟のルキウスがアントニヌス帝を墓に横たわらせる時が来た。ルキウスが突然亡くなり、彼を弔う時が来た。最後に、皇后ファウスティナを横たわらせた。ほどなくして、コンモドゥスが私の遺骨をテベレ川のほとりにあるハドリアヌス帝の墓廟に置くことになる。そのとき、ファウスティナともう一度会うことになるだろう。友人たちが私のために弔辞を述べ、彼は失われたのではなく、自然の元へと還っていったと言うだろう。沈んでいく今日の太陽が私を連れていく。明日の太陽は、私に代わる誰かとともに昇ってくるはずだ。

ついに私のところへ来たね、古くからの友人である死よ。今まで何度、想像の門から君を迎え入れてきたことか。深い内省の中で昔の皇帝を思い浮かべるとき、君はいつも私の隣にいてくれた。

演じる役割は違っても、この川を流れていくものは変わらない——誰かと結ばれ、子供を育て、病気になって、死んでいく。殺し合う者もいるし、パーティに興じる者も、商品を売買する者もいる。祝祭に心躍らす者も、過ぎ去った祝祭を悲しむ者もいる。どう媚びようかと思案する者も、媚びる言葉を聞こうとする者もいる。サイコロの目にぼやき、誰かを口説き、執政官になることや王冠を被ることを夢見て命を費やしたあと、いつしか横たわる時がくる。栄華を極めたとしてもなんの違いもありはしない。死は王の宮殿のドアも、物乞いの掘立て小屋のドアも同じようにノックする。この帝国をつくったアウグストゥスとその家族、彼の先祖、司祭、顧問、たくさんの取り巻きたちは今どこに？　もうどこにもいない。アレクサンドロス大王と彼の馬丁が同じように塵と化し、死によって対等になっている。

歴史から消えていく国も後を絶たない。カルタゴを滅ぼした偉大なるスキピオが涙したのはそのためだ。自分の偉業をなぜ喜ばないのかと問われ、「ローマにも必ず同じ時が来る」と予言しながら。永遠に続くものはないと、どの時代の歴史も同じ真実を語りかけてくる。アレクサンドロスが歩いた宮廷も、私が歩いたハドリアヌスやアントニヌスの宮廷も、今は遺跡になっている。彼らの名前もすでに懐かしく、残っているのは物語だけだ。明日になれば、私の名前も「マルクス・アウレリウスの治世」という過ぎ去った時代を表すものになるだろう。すぐに消えていくこの瞬間とどう向き合うか——それ以上、大切なことはない。

死よ、パルティア戦争に勝利したルキウスが私とともにローマの街へと凱旋した時、君は一緒にいたのかい？　人々から祝福を受けながらパレードする戦車の上で、後ろに立った奴隷たちが私たちの頭上に金の花冠を掲げていた。そして、耳元で「死ぬことを忘れるな」と囁いていた。ルキウスの軍団は、東から強奪してきた金や財宝、捕虜にしたパルティア人と一緒に、邪悪な何か――疫病――を連れてきた。それから14年。荷車の上にローマ人の死体を堆く積んできた疫病が、生き残った皇帝の命を欲しがっている。

勝者が驕り昂って神々の怒りを買わないように、耳元でこう囁く慣習があった。

死ぬことを忘れるな――容赦なくそう自分に言い聞かせながら、快活に、そして穏やかに生きる術をストア哲学が教えてくれた。高齢になった創始者のゼノンが、あるときつまずいて転んだ。彼は地面を叩きながら、「自分の意志で行くって言っているだろう。なぜ、呼ぶんだい?」と笑いながら死に語りかけて息を止めたと言う。私もまた、年老いた。そして、呼ぶのなら、会いに行く用意はできている。

ほとんどの人は死を口にすることを恐れるが、ストア哲学が不吉な言葉などないことを教えてくれた。それは小さな子供を怖がらせる仮面と同じだと最初に言ったのはソクラテスだった。死とは何かを理性的に眺め、その表面にまとわりつくものを取り払えば、それが自然の営みに過ぎないことがわかる。仮面の後ろを覗き込んでも、噛みつかれないことがわかる。ところが、子供じみた死への恐怖には、毒ニンジン以上の毒が含まれている。死を遠ざけるための何かを探し、その何かに夢中になって大切なものを忘れる毒が含まれているからだ。それは、人を臆病な奴隷へと変えていく。終わりを見なければ、自分にとって大切な何か、やるべき何かはわからない。死を学ぶことが、奴隷にならない方法を学ぶことになるのはそのためだ。

苦しみながら死を思う必要もない。私たちは死そのものではなく、死をどう思うかによって苦悩する。ソクラテスが死を恐れなかったのは、それが善いことでも悪いことでもないとわかっていたからだ。哲学者とは、自分の死を誰よりも恐れない者だと彼は言った。死刑執行の朝、「哲学とは生涯をかけて自分の死を内省することだ」と友人たちにそれとなく伝えてソクラテスは旅立っていった。死を練習することは自由を練習することであり、それが人生を優雅に手放す練習にもなっていく。

未熟なブドウが熟したブドウへと変わり、さらに干からびたブドウへと変わっていくように、生を受けた日から、私は死へと向かう道を歩んできた。自然界のすべてに、始まり、盛り、終わりがある。幼年期から青年期、壮年期から老年期へと移っていく人生のステージにも、それぞれ終わりがくる。むしろ、毎朝、生まれ変わっては、毎夜、死んできたと言っていい。この変化を当たり前のように受け入れてきたのに、最後の変化である死を恐れる必要があるだろうか？　それはすべての苦悩からの解放だ。今抱えている苦しみが踏み込めない境界線の向こう側へと行くことであり、生まれていなかった頃の〝平静〟へと戻っていくことだ。生まれる前、私は永劫の時間死んでいたが、その間、死を恐れてはいなかった。いみじくもエピクロスがこう言っている。「私ではなかった、私だった、私ではなくなる、だから気にならない」と。

死によって意識がなくなるとしたら、なぜ、その意識をここで乱さなければならないのか？一つの源からこの世界へ来て、別の形をとって、元いた一つの源へと戻っていく――それは、柔らかいロウを使って小さな馬をつくり、次に、小さな木につくり直し、さらに人へとつくり直していくのと同じこと。自然の手の中に自分を委ね、何かから別の何かへと変わっていく営みの中に戻っていくだけなのだ。

今日は一滴の精液、明日は一山の灰や骨。永遠に存在できるものはなく、去っていく運命だけが確実に待っている。一日のうちのこの一時間のように来て、この一時間のように去っていく。永遠に生きられないことをいつも思い出すようにしてきたし、毎日を最後の日であるかのように過ごしてきた。すぐそこに来た〝その時〟も、今までのすべての瞬間と同じであることがわかっている。善く死ぬか悪く死ぬかの選択も私次第だ。目の前の現実にいつも永遠を重ねていれば、すべての問題が大した話ではなくなっていく。死さえ悪いものではなくなっているのはそのためだろう。

人とは何かを知りたかったら、望楼から地上の出来事を眺めればいい――プラトンはそう言った。ストア哲学もそう教えていたので、毎日、上空へと意識を飛ばしては、人が織りなす世界を見下ろす訓練を続けてきた。見晴らしのよい場所から眺めると、何かを求めて迷路をさまよう人の群れが見えてくる。白日夢のような現実の中を歩く男と女、大人と子供、貴族と奴隷が見えてくる――粗末な集落が都市へと変わり、束の間の繁栄の後、崩れ落ちて砂漠の中に朽ち果てていく――闇の中から芸術と科学が生まれ、再び闇へと戻っていく――私が生まれる前に過ぎていった数え切れない人生と、私が死んだ後に過ぎていく数え切れない人生が見えてくる――ローマ皇帝と呼ばれる運命にあった私を知る者などいないも同然だ。いたとしても、私と同じようにその人もすぐに消えていくだろう。

地上の出来事は、宇宙と照らし合わせればイチジクの種よりはるかに小さく、永遠と照らし合わせればねじの一回転よりはるかに短い。空高くから見下ろせば、地上の悩みは消えていく。果てのない宇宙と永遠の中で、すべての出来事が瞬時に過ぎ去っていく「現実」が見えてくるからだ。

意識と無意識のはざまで揺れていると、オリュンポス山の上に座っている。ホメロスが語ったゼウスのように地上を見下ろしている自分がいる。ギリシア、ペルシア、インド、それらすべてを取り囲むワイン色の海を眺めている。そのまま、太陽、月、星々、地球、陸と海、生き物などすべての創造物を包み込む天球の中へと飛翔していく。広大な存在の海の中で漂う地球は小さな点に過ぎない。大陸は土くれのようで、大海原は雨つゆのよう、高い山も砂粒のようだ。私が体験してきた出来事のすべても小さな点になっている。宇宙全体の悲劇だと感じたあの出来事は何だったのか？　宇宙全体をふるわせたあの怒りはどこに消えたのか？　地上の欲望や恐怖に縛られて重くならなければ、魂は自由に飛ぶことができる。はるか下で夢中になっていたはかない夢を手放せば、小さな星の上をさまよう異邦人から、この広大な宇宙とともに生きる人――コスモポリタン――へと戻っていくことができる。

なめらかな海の上を走る船のように、星座の横を通り過ぎていく。天上の航路を逸れることなく調和しながら進んでいく無数の星々が周囲を取り囲み、個を保ちながら一体となってこの天球を形づくっているのが見えてくる。私たち一人ひとりも、個性を保ちながら心の奥深くに眠っている純粋な光を輝かせ、周りの人たちと調和しながら世界を形づくることができるはずだ。ピュタゴラス派は早朝の星々を仰ぎ見て、その揺るぎない純粋さに思いを馳せていた。地上から魂を解放し、そうある世界を見つめていたのだ。

この天球を照らし出す太陽が尽きることのない光をあらゆる方向に向かって放射している。その光は、風のように逸らされることも雨のように吸収されることもなくどこまでもまっすぐに進んでいく。何かに触れると留まって、触れたものが何であるかその本質を照らし出していく。徳とともに生きる心からも、出来事の本質を照らし出す光が放射されている。それは触れた瞬間に知恵がすべてを焼き尽くし、何事もなかったかのようにその対象物を善いものへと変えていく光だ。

宇宙は一つの意図を持っている。一人ひとりの心は、この大きな意図に属する小さな粒子だ。意識していないにかかわらず、その意図に従って個々の粒子が複雑に絡み合い、出来事の連鎖をつくり出し、協力しながら一枚の織物を縫い上げていく過程にかかわっている。恐怖と欲望を手放して、変化していく宇宙に対する主観がなくなると、この織物の断片ではなく全体が見えてくる。〝自己〟をそこまで拡大すると、必要なことは2つしかなくなる。徳を拠り所にした理性の指示に従うことと、宇宙から割り当てられた運命を受け入れて、知恵を使って対処していくことだ。

外の世界への執着を手放せば、知恵が曇ることはない。過去や未来にとらわれずに、今とここにいれば、自己をまっとうすることが可能になる。富や評判、名誉など、外にあるもののすべては善にも悪にも属さない――そのことを理解した魂は、エンペドクレスが言っていた聖なる球体へと変化する。丸くなめらかで傷一つないこの球体は、外の世界と混じり合ってはみ出たり、逆に縮こまったりすることはない。外にあるどんな害も触れることができない完璧な球体になる。明るく輝きながら、純粋な光が周りの世界に均等に広がっていくだけの存在になる。

体の中のどこかから血が流れ出ている。しかし、遠くで起きている出来事のようで気にもならない。私に属するすべてを失うことになるが、それがとても心地よい。自分に別れを告げて最後の一歩を踏み出すときがきている。そこには旧友が待っている。今までスパーリングパートナーを務めてくれた死が待っている。今日の君は、思いがけない一撃を用意しているかもしれない。それに備えて、もう一度、ストイシズムを思い出し、拳を軽く握りしめて会いに行くつもりだ。

人の一生は、時の中のほんの一点に過ぎず、その実体はいつも流動的で、感覚はあてにならず、身体を構成する組織は朽ちやすい。魂は落ち着くことがない渦巻で、運不運は予測しがたく、世評が定まることはない。身体に属するすべては急流のよう、魂に属するすべては夢や妄想のようだ。生きることは戦い、そして、異郷でのいっときの逗留。死後の名声は忘却の彼方に去っていく。導いてくれるものがあるとしたら、知恵への愛――哲学――しかない。苦痛や快楽から超然と距離を保ち、内にある神聖な輝きを守るために哲学がある。自分を偽ったまま何かを行なわない者、他人がなすことなさぬことに左右されない者になるためにそれがある。起こることのすべてを自分と同じ源から来たものとして見て、謙虚に、明るく受け入れるためにそれがある。なにより、この生命を構成する諸元素への分解に他ならぬ死を穏やかに待つ者になるためにそれがある。

元素の集まりが別の集まりへと変わっていく――終わることのないこの分解と変換は、宇宙ではありふれた出来事だ。各々の元素がそれを怖がることはない。それなのに、元素の集まりである私たちが怖がる必要があるだろうか。自然に従う、それは変化する宇宙を受け入れることだ。この摂理とともにあれば、魂が悪に振れることはない。

［『自省録』２-17］

夜明けが近いはずだが、そう口にすることができない。
すべてが闇に包まれている。
次の太陽を見るための毎日が終わる。
だからといって、なんの問題があるだろう。

謝辞

スティーブン・ハンゼルマンとティム・バートレットのお力添えと助言に感謝いたします。

また、現代ストイシズム協会（Modern Stoicism organization）の仲間たちに、長年にわたってアイデアを共有してくれたこと、ストイシズムに対する私自身の解釈にたどり着くまでの旅をサポートしてくれたことに謝意を表します。

訳者あとがき

本書は、ドナルド・ロバートソン著 How to Think Like a Roman Emperor の全訳です。ローマ帝国第16代皇帝であり、ローマ時代を代表するストア哲学者の一人であるマルクス・アウレリウスをロールモデルに、どうしたら普段の生活の中で出会うネガティブな感情——不安や恐れ、悲しみや怒り、不健全な欲望など——から解放され、自分の価値観に沿った生き方ができるかを学ぶ内容になっています。

地中海一帯を治める皇帝というと、絶対的な権力を持つ神のような存在を思い浮かべます。しかし、彼の治世には、帝国内の4人に1人を死に至らしめたという疫病、絶えず侵略してくる異民族との度重なる戦争、部下の将軍が仕掛けてきた内戦といった、帝国を崩壊させかねない問題が次々と持ち上がります。個人的にも、弟の乱痴気騒ぎに振り回され、病弱な身体に悩み、子供たちの相次ぐ死と向き合うことになります。彼はそういった逆境を、幼い頃より学んできたストア哲学を用いて乗り越え、人民や兵士たちに慕われる賢帝へと成長していきます。

現代の哲学には、難解な机上の学問といったイメージがあります。しかし、古代の哲学——ソクラテス以降のヘレニズム哲学——は、主に「どうしたら人は幸福になれるか」というシンプルな問いの答えを求めるものでした。特に、ストア哲学が成立した2300年前の地中海世界は、アレクサンドロス大王の死がもたらした混沌の中にあり、「外の世界」にあまり依存しない幸福を欲する人が増えていました。

当時の哲学各派は、この「幸福な人生」の定義によって識別されるのですが、ストア哲学は、それを「流れるような生」にたとえました。変化していく世界はコントロールできませんが、その変化をどう受け止めるかは「自分次第」で、コントロールできます。ストア哲学者たちは「心の中の動揺は、出来事そのものではなく、その出来事をどう判断するかによって生じる」という理解の上に立って、心を平静に保つ考え方や技術を究めようとしました。情念に煩わされることのない「流れるような生」の中で、自分らしく生きることが可能になる哲学を模索していったのです。そのため、ネガティブな感情に対処するための心理療法的な技術も開発されていきました。あまり知られていないことですが、今の心理療法の現場で不安や抑うつの治療法として主流になっている認知行動療法は、ストア哲学から強い影響を受けて生まれたものです。現在、この哲学由来の技術の恩恵を受けている人が少なくないということです。

ストア哲学は、これまでも多くの人たちの心の支えになってきました。例えば、ナチスの強制収容所での壮絶な体験を綴った『夜と霧』の著者で精神科医のヴィクトール・E・フランクル。そして、ベトナム戦争で捕虜になり、7年半の間、拷問を含め過酷な環境の中にいた米軍のジェームズ・ストックデール海軍中将。彼らのように、極端な運命に遭遇した人たちが生き抜いていく上でもこの哲学が役立っています。

また、ストア哲学はリスクと不確実性の世界に生きる起業家や投資家の間に信奉者が多いことでも知られています。古くはジョン・D・ロックフェラーやトーマス・エジソンら象徴的な起業家がこの哲学から影響を受けたと言われています。現在ではSquareやTwitterのCEOであるジャック・ドーシーがシリコンバレー・ストイックと呼ばれるほどの信奉者で、ストア派の鍛錬を毎日欠かさないそうです。『自省録』を愛読するハフィントン・ポストの社主、アリアナ・ハフィントンも、マルクス・アウレリウスの言葉を財布の中に入れて持ち歩くだけでなく、デスクやナイトスタンドに飾って読み返しています。その他にも、ベンチャーキャピタリストでDiggを設立したケビン・ローズなど、ストア哲学の考え方や戦略をビジネスに用いる人は少なくありません。なぜ起業家や投資家がこの哲学を採用するかは、『TOOLS OF TITANS』などの著者でエンジェル投資家でもあるティム・フェリスによる「ストア哲学は、高ストレス環境下で繁栄するための理想的なオペレーティングシステムになる」という要約がすべてを物語っているでしょう。

ストア哲学が興味深いのは、すべての人にいつかは訪れる老いや病、そして死をも含めた、人生のどの瞬間であっても幸福でいられる哲学を究めようとしたところにあります。物質的な富を頼りに幸せになろうとする期間限定の〝成功哲学〟ではなく、人として避けることができない〝不幸〟においても幸福でいられる哲学を目指しています。また、自分の幸福を追求することが社会の幸福につながり、宇宙の摂理とも調和していくというダイナミズムをも兼ね備えています。

2020年に始まった新型コロナウイルスのパンデミックは、政治や経済だけでなく、私たち一人ひとりの生活に大きな変化をもたらしています。ますます予測不能になったこの世界で、ストア哲学を〝再発見〟し、自分の人生に適用し始める人が増え始め、欧米では一種のブームのような状況になっています。ギリシアの混沌とした世界に生まれ、ローマで実践哲学の色合いを濃くしたストア哲学は、まるで今この時代のために用意されたもののようでもあり、この流れは当然のことなのかもしれません。

アテネの古代アゴラのすぐ近くに、ストア哲学が誕生し、その名の由来となったストア・ポイキレ（彩色柱廊）の基礎部分が今も残っています。居並ぶレストランと喧騒に心を奪われていると見過ごしてしまうその場所で2300年前に始まった哲学は、今も誰かに〝再発見〟され、利用されるのを待っています。マルクス・アウレリウスも、この哲学を最大限に利用した一人と言えます。とはいえ、その生真面目な性格から、学問として究めただけでなく、自分が置かれた特異な立場と運命を〝機会〟にして、まるで実験するかのように自分の人生に適用していった稀有な人物とも言えます。荒れ狂う外の世界と対峙することを運命づけられた皇帝が、心に平静を保ちながら自分らしく生きていくストーリーは、変化する世界に放り込まれた私たちに何らかのインスピレーションを与えてくれるのではないでしょうか。

本書の翻訳に当たって、適切な助言をいただいたCCCメディアハウス書籍編集部の鶴田寛之氏、いつも斬新な販売戦略を提案してくださる小野雄介氏に深く感謝いたします。

哲人皇帝と呼ばれたマルクス・アウレリウスの内面世界を描くことは容易ではありません。その人となりをカバーイラストで見事に表現してくださったヤマザキマリ氏に、この場を借りて厚く御礼申し上げます。

2021年8月末日

山田雅久

36. Sellars, J. (2014). *Stoicism*. Hoboken, NJ: Taylor & Francis.
37. Sellars, J. (2016). *The Routledge Handbook of the Stoic Tradition*. New York: Routledge.
38. Seneca. (1928). *Moral Essays*, volume I. Translated by J. W. Basore. Loeb Classical Library 214. Cambridge, MA: Harvard University Press.
39. Seneca. (1928). "On Anger." In *Moral Essays*, volume I. Translated by J. W. Basore. Loeb Classical Library 214. Cambridge, MA: Harvard University Press.
40. Seneca. (1928). "On Constancy." In *Moral Essays*, volume I. Translated by J. W. Basore. Loeb Classical Library 214. Cambridge, MA: Harvard University Press.
セネカ『セネカ哲学全集』（1　倫理論集Ⅰ・2　倫理論集Ⅱ）兼利琢也他訳、岩波書店、2005, 2006
セネカ『怒りについて 他二篇』兼利琢也訳、岩波書店、2008
セネカ、ジェイムズ・ロム編『2000年前からローマの哲人は知っていた　怒らない方法』舩山むつみ訳、文響社、2020
41. Simon, S. B., L. W. Howe, and H. Kirschenbaum. (1972). *Values Clarification: A Practical, Action Directed Workbook*. New York: Warner.
42. Spinoza, B. (1955). *On the Improvement of the Understanding; The Ethics; Correspondence*. Translated by R. Elwes. New York: Dover.
スピノザ『エティカ』工藤喜作他訳、中央公論新社、2007
スピノザ『エチカ―倫理学』（上・下）畠中尚志訳、岩波書店、1951
43. Stephens, W. O. (2012). *Marcus Aurelius: A Guide for the Perplexed*. London: Continuum.
44. Thomas, A. L. (1808). *Eulogium on Marcus Aurelius*. New York: Bernard Dornin.
45. Ussher, P. (ed.). (2014). *Stoicism Today: Selected Writings*. Modern Stoicism.
46. Ussher, P. (2016). *Stoicism Today: Selected Writings*. Vol. 2. Modern Stoicism.
47. Watson, P. B. (1884). *Marcus Aurelius Antoninus*. New York: Harper & Brothers.
48. Yourcenar, M. (1974). *Memoirs of Hadrian*. New York: Farrar, Straus, and Giroux.
マルグリット・ユルスナール『ハドリアヌス帝の回想』多田智満子訳、白水社、2008

23. Long, A. A. (2002). *Epictetus: A Stoic and Socratic Guide to Life*. Oxford: Oxford University Press.
エピクテトス、アンソニー・A・ロング編『2000年前からローマの哲人は知っていた　自由を手に入れる方法』天瀬いちか訳、文響社、2021
24. Marcus Aurelius. (1916). *Marcus Aurelius*. Translated by C. Haines. Loeb Classical Library 58. Cambridge, MA: Harvard University Press.
25. Marcus Aurelius. (2003). *Meditations: A New Translation*. Translated by G. Hays. New York: Random House.
26. Marcus Aurelius. (2011). *Meditations: Selected Correspondence*. Translated by R. Hard. Oxford: Oxford University Press.
マルクス・アウレーリウス『自省録』神谷美恵子訳、岩波書店、2007
マルクス・アウレリウス『自省録』鈴木照雄訳、講談社、2006
マルクス・アウレリウス『自省録』水地宗明訳、京都大学学術出版会、1998
27. McLynn, F. (2010). *Marcus Aurelius: A Life*. London: Vintage Books.
28. Rand, B. (2005). *The Life, Unpublished Letters, and Philosophical Regimen of Antony, Earl of Shaftesbury*. Adamant Media.
29. Robertson, D. J. (July 2005). "Stoicism: A Lurking Presence." *Counselling & Psychotherapy Journal*.
30. Robertson, D. J. (2010). *The Philosophy of Cognitive-Behavioural Therapy: Stoic Philosophy as Rational and Cognitive Psychotherapy*. London: Karnac.
31. Robertson, D. J. (2013). *Stoicism and the Art of Happiness*. London: Hodder & Stoughton.
32. Robertson, D. J. (2016). "The Stoic Influence on Modern Psychotherapy." In *The Routledge Handbook of the Stoic Tradition*. Edited by J. Sellar, 374–88. New York: Routledge.
33. Robertson, D. J. (2012). *Build Your Resilience*. London: Hodder & Stoughton.
34. Sedgwick, H. D. (1921). *Marcus Aurelius: A Biography Told as Much as May Be by Letters*. New Haven, CT: Yale University Press.
35. Sellars, J. (2003). *The Art of Living: The Stoics on the Nature and Function of Philosophy*.

11. Epictetus. (1925). *Discourses*, books 1–2. Translated by W. A. Oldfather. Loeb Classical Library 131. Cambridge, MA: Harvard University Press.
12. Epictetus. (1928). *Discourses*, books 3–4: Fragments, Handbook. Translated by W. A. Oldfather. Loeb Classical Library 218. Cambridge, MA: Harvard University Press.
エピクテトス『語録 要録』鹿野治助訳、中央公論新社、2017
エピクテトス『人生談義』（上・下）國方栄二訳、岩波書店、2020, 2021
13. Farquharson, A. (1952). *Marcus Aurelius: His Life and His World*. Oxford: Blackwell.
14. Gill, C. (2010). *Naturalistic Psychology in Galen and Stoicism*. Oxford: Oxford University Press.
15. Gill, C. (2013). *Marcus Aurelius: Meditations*, Books 1–6. Oxford: Oxford University Press.
16. Grant, M. (1996). *The Antonines: The Roman Empire in Transition*. New York: Routledge.
17. Guthrie, K., T. Taylor, D. Fideler, A. Fairbanks, and J. Godwin. (1988). *The Pythagorean Sourcebook and Library*. Grand Rapids, MI: Phanes Press.
18. Hadot, P. (1995). *Philosophy as a Way of Life*. Edited by A. I. Davidson. Malden, MA: Blackwell.
19. Hadot, P. (2001). *The Inner Citadel: The Meditations of Marcus Aurelius*. Translated by M. Chase. Cambridge, MA: Harvard University Press.
20. Hadot, P. (2004). *What Is Ancient Philosophy?* Translated by M. Chase. Cambridge, MA: Belknap Press.
21. Holiday, R. (2014). *The Obstacle Is the Way*. London: Profile Books.
ライアン・ホリデイ『苦境（ピンチ）を好機（チャンス）にかえる法則』金井啓太訳、パンローリング、2016
22. Holiday, R., and S. Hanselman. (2016). *The Daily Stoic: 366 Meditations on Wisdom, Perseverance, and the Art of Living*. London: Profile Books.
ライアン・ホリデイ、スティーブン・ハンゼルマン『ストア派哲学入門―成功者が魅了される思考術』金井啓太訳、パンローリング、2017

参考文献

1. Adams, G. W. (2013). *Marcus Aurelius in the Historia Augusta and Beyond.* New York: Lexington Books.
2. Alford, B. A., and A. T. Beck. (1997). *The Integrative Power of Cognitive Therapy.* New York: Guilford.
3. Baudouin, C., and A. Lestchinsky. (1924). *The Inner Discipline.* London: Allen & Unwin.
4. Beck, A. T. (1976). *Cognitive Therapy and the Emotional Disorders.* Middlesex: Penguin.
   アーロン・T・ベック『認知療法―精神療法の新しい発展』大野裕訳、岩崎学術出版社、1990
5. Beck, A. T., J. A. Rush, B. F. Shaw, and G. Emery. (1979). *Cognitive Therapy of Depression.* New York: Guilford.
   アーロン・T・ベック他『新版　うつ病の認知療法』坂野雄二監訳、岩崎学術出版社、2007
6. Birley, A. R. (2002). *Marcus Aurelius: A Biography.* London: Routledge.
7. Borkovec, T., and B. Sharpless. (2004). "Generalized Anxiety Disorder: Bringing Cognitive-Behavioral Therapy into the Valued Present." In *Mindfulness and Acceptance: Expanding the Cognitive-Behavioral Tradition.* Edited by S. C. Hayes, V. M. Follette, and M. M. Linehan, 209–42. New York: Guilford Press.
8. Brunt, P. (2013). *Studies in Stoicism.* Oxford: Oxford University Press.
9. Dubois, P. (1904). *The Psychic Treatment of Nervous Disorders: The Psychoneuroses and Their Moral Treatment.* New York: Funk & Wagnalls.
10. Dubois, P. (1909). *Self-Control and How to Secure It.* Translated by H. Boyd. New York: Funk & Wagnalls.

[著者]

ドナルド・ロバートソン Donald Robertson

作家、認知心理学療法士。古代哲学と現代の心理療法との関係を専門としている。現代ストイシズム協会の創立メンバーの一人であり、20年にわたって研究を続けている。著書に『ストイシズムと幸福の技術』*Stoicism and the Art of Happiness*、『レジリエンスを構築する』*Build Your Resilience*など。スコットランドのエアシャーで生まれ、長年ロンドンで働き、現在はカナダ在住。本書はアメリカでSt. Martin's Pressより2019年4月に刊行され、歴史・哲学・心理学が独自に組み合わされた、読者自身が自らの生活で実践できるセルフヘルプ・マニュアルとして好評を博している。

[訳者]

山田雅久 Masahisa Yamada

翻訳家。主な著書に『脳を老化させない食べ物』(主婦と生活社)、訳書に『脳を最適化する ブレインフィットネス完全ガイド』、『プリズナートレーニング』シリーズ、『ストリートワークアウト』(以上CCCメディアハウス)、『なぜ人は犬と恋におちるのか』(洋泉社)などがある。

ローマ皇帝《こうてい》のメンタルトレーニング

2021年10月8日　初版発行

著　　者　ドナルド・ロバートソン
訳　　者　山田雅久
発 行 者　菅沼博道
発 行 所　株式会社CCCメディアハウス
〒141-8205　東京都品川区上大崎3丁目1番1号
☎03-5436-5721（販売）　☎03-5436-5735（編集）
http://books.cccmh.co.jp

装　　画　ヤマザキマリ
装　　丁　轡田昭彦＋坪井朋子
校　　正　株式会社円水社

印刷・製本　株式会社新藤慶昌堂

ISBN978-4-484-21111-4